權地

怨佔

法理及爭議

梁守肫 著

目錄

目錄

Chapter 6
立體的佔地形式

Chapter 7
天地人三大元素分析與總結

自序

　　筆者自前年開始出版了《地界迷津》與《丈量世界》兩書，來到本書，是土地測量系列的第三本。此書雖然也是輯錄《信報》的「天圓地方」稿件而成，但卻只選擇關於逆權佔地的題材，故全書內容一致。除了將文章整理分類，另外補充了一些資料，使全書讀來較有系統，或許可作為有關專業的教科書或參考書之用。

　　「逆權佔地」這詞語是筆者所擬。有關法例原來的用詞應該是《時效條例》中的「逆權管有」一項。這詞語中逆權管有所指的當然是土地，而不是其他財物。若是有人非法拿走他人的手錶、汽車或個別物品，這行為根本就是盜竊財物，並無「逆權」可言。只因土地是不動產，不能被人「拿走」，所以才有「逆權管有」這現象，本書以「逆權佔地」為書名，正是要強調以「土地」為主題。

　　除了「土地」這一主要因素外，「逆權佔地」當然也少不了「時空」與「人事」這兩個因素。因此，本書內容基本上是環繞這三方面申說討論。

本書盡量以歷史紀錄及現實案例為討論基礎，並附加參考文件的編號，以便讀者自行閱讀分析。至於有關逆權佔地的原則和概念，文中不免有些思考或認識是帶著個人的見解，這確也是筆者所望能夠引來討論之處。然而若有文責，筆者當也自負。

　　一如以往兩書的序言所曾提及，本書各篇文章，於見報時可能反映時事，現今事隔多年，新聞價值或已不再，有些數據亦顯得過時，但為保留原意，仍盡量少作更改，希望讀者諒察。

　　最後筆者要借此感謝公司同事以及業界同寅為我找尋資料，出版社編輯替我拾遺正誤，更要感謝幾許親友提供意見和鼓勵。

梁守肫

二〇二〇年六月十一日

Chapter 1

逆權佔地
沿革與法理

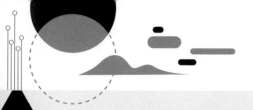

竊鉤者誅，竊國者侯

「竊鉤者誅，竊國者侯。」古人以此慨歎世事的不公。犯了小錯，可能受到嚴厲的懲罰，但犯大錯，反而獲得利益。見諸現今法律，也有類似地方。

這話怎說？原來與土地的佔用有關。你於不當的地方短暫泊車，雖然所佔的位置僅數十平方呎，但很可能被抄牌罰款，逃不過法網；但你若長期佔用他人的土地，即使面積廣闊，卻有機會以逆權佔地（adverse possession）[1] 的理由，據為己有。這豈非「竊鉤」、「竊國」的現實寫照嗎？

逆權佔地的行為，本是盜竊的一種，但此事卻有其正面的道理，才有法律根據。逆權佔地的概念源自中古時代英國的列土分疆制度。羅馬帝國滅亡後，英國人獨立建設自己的王國，王室以封邑形式把土地分割，分賜給下屬及將領。當時並沒有詳細測量製圖等工序，記錄地上現實的居住情況，所以一地的地主也可能不清楚土地的界線。而封邑的界限範圍，也可能模糊不清，若是獲得土地的下屬將領按照自己的認識遽然佔據土地，便可能與

原居該地的居民或地主引起紛爭。當時有些土地早已有人長居於此，賴以維生，但提不出承繼土地來源的證據，難以自命為地主，因而受權貴打壓，被驅離賴以為生的土地。因此，政府便訂立了佔地時限，確認某人連續使用土地若干年，即使無法證明自己是地主，也認定了其擁有權，保障了一般在農地上耕作的勞苦百姓。推論下去，便引申為限制一地的地主，若任由他人佔用其地，並且毫不干預，直至逆權時限過了，便喪失其追溯權，是為逆權佔地的起由。

又因土地是人類的寶貴資源，若有任何土地長期荒置，實是浪費，可算是全民的損失。若有地主真的棄置土地不用，屬暴殄天物；讓他人開發，幫助生產，正好合乎公眾利益，此地主喪失土地追溯權，亦可算咎由自取。故此逆權佔地的法理，得以成立。

如何理解逆權佔地

逆權佔地的行為是有法律根據的。香港於 1965 年訂立《時效條例》（Limitation Ordinance），條例訂明若土地佔用者能提供證據證明其已佔地超過 20 年，便無須追溯更早的年期已足以令地主喪失索地的權利。初期逆權佔地的時限，私人土地是 20 年，但於 2002 年開始，改為 12 年。若是政府土地，則一直都是 60 年。這法例相等於一把保護傘，提供予本已安居樂業之人免受迫遷之苦。

　　除了訂明佔地的時間外，《時效條例》更強調「逆權佔地」所需要的兩大要素。其一是佔地者是存心佔有，摒絕任何人侵入；其二是佔地時段須連續無間且有明證的。

　　關於第一要素，筆者寫下「存心佔有」這幾個字時，也懷疑是否能正確譯出「intended」這英文的原意。中文「存心」用在這條例中，似有貪心歪念之意，未必符合上文所描述的歷史來源。法例沿用此語，便引來佔地之人不以「存心」為悔，反而覺得明刀明槍地佔地是理所當然之舉。若筆者理解無誤，當初訂定法例的人士，或許代表較正面的看法，暗含佔地者真誠確信土地是一己所有。至於不容任何人侵佔，亦非顯示霸道，只不過表露守土禦敵的精神罷了。因此，佔地者應證明自己有明確的絕對使用權，從來沒有與他人分享土地，最好是有圍欄或實地標誌，顯示佔地的範圍，作為逆權佔地的證據。

　　至於第二要素，是該佔地者實質上居住及使用該地，且證明是無間斷地使用，而地主是從無爭辯的。若是期間地主曾經試圖收地，或有實質的抗議或警告等，則佔地的連續性未必成立。舊日寶翠園屋苑有道路讓公眾通行，其地主選擇於每年的一個日子，貼出公告，封鎖道路逾一整天，目的就是昭告市民，該道路是私人擁有，並防止大眾連續使用，造成逆權佔用。

　　由此可見，逆權佔用，不單適用於個別的佔用者，公眾佔用的形式，也是一變體。聽説英國曾發生一宗案例，有人購買了一幅土地，內有一小徑。買家不以為意，準備開發建屋，而屋有一部分坐落在這小徑上。誰知此舉竟引來鄰近的一位老婦投訴，反對該地主阻塞小徑，理由是她幾十年來都途經這小徑散步、從未間斷，亦無人提出任何異議，因此有權繼續享用這路徑。新地主自然不服，訴之於官，結果是老婦得直，地主須要保留小徑之地暢通，更改其發展計劃。

　　總之，逆權佔地是地政上的一大問題，最易引起衝突，私人地主固要留意一己的利益，政府則是政府土地的地主，擁地更多，何嘗不要加倍留意呢！

1　香港法律用詞是「逆權管有」。此名詞可能準確，符合英文，但獨立來看卻表達不到佔地的意義，故筆者選擇以「逆權佔地」一詞作為本書行文之用，突顯佔地的行為。

逆權佔地與盜竊罪並論

「逆權佔地」的申索人，引用《時效條例》時，必須符合「存心佔有」及「連續佔有」這兩個要素。「存心佔有」土地比較虛泛，未必容易借用實物判斷。雖然是否存心也可以依賴一些圍牆鐵網之類作證，顯示「守土」的決心，但這未必是唯一的必然證據，要證明是否「存心」佔有土地，始終不比「連續佔有」土地容易。

筆者參閱另一有關佔有他人財產的法例，是為本港法例第 210 章的《盜竊罪條例》（Theft Ordinance），這條例當然不是單指盜竊土地的問題，它的內容包括所有算得上是盜竊的情況，其中開宗明義說的，正是導言的部分，第 2 條第 1 款是這樣寫的：「如任何人不誠實地挪佔屬於另一人的財產，意圖永久地剝奪該另一人的財產，即屬犯盜竊罪，而竊賊（thief）及偷竊（steal）亦須據此解釋。」

這一段的意義看似很簡單明顯，而又與一般道德常理相符，然而法律文字當非如此一句便作罷。這段法例主題便已包括三個

關鍵詞:「不誠實地」、「挪佔」及「財產」。法例的另外部分,盡有篇幅分別闡述這三個詞語,且先節錄這三闡述部分,再行討論。

法例第 3 條:「不誠實地(Dishonestly)」。內文頗長,不適宜盡錄,只可以說若有人採取了合理的步驟仍找不到擁有該財產的人,則挪佔他人的財產不得被視為不誠實。

法例第 4 條:「挪佔(Appropriates)」。此段的第 1 款,全文不太長,就讓筆者全錄如下:「任何人行使擁有人的權利,即相當於作出挪佔行為,此包括他並非藉偷竊而(不論是否不知情地)獲得財產,但其後卻就該財產行使權利,以擁有人身份保有或處理該財產。」

法例第 5 條:「財產(Property)」。此段為財產作出定義。它的第 1 款很短,就是一句:「財產包括金錢及所有其他土地及非土地財產,亦包括據法權產及其他無形財產。」

法例之中,既有《盜竊罪條例》,又有《時效條例》,前者指出不誠實地挪佔財產便等於盜竊罪,即盜竊土地是法律不容許的;後者卻又指明管有他人之地超過時效之期則可免被追索,兩者之間難免矛盾。令二者可以並存,唯一解釋是《盜竊罪條例》中的特別免責情況:《盜竊罪條例》中的第 5 條第 2 款指明佔地情況遇有例外,可以衍生為「逆權管有」者,不但不會問罪,反可免

被追索。如此亦可見兩條法例對應之點，是為「不誠實地……」便等於盜竊，但是基本上「視為己有，固守土地不讓」，則可視為有理。這正是文首所提出的「存心佔用」的問題。這所謂「存心」應否等於「誠實地」相信，更為貼意呢？

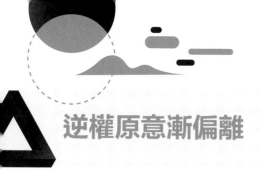

逆權原意漸偏離

　　逆權佔地容許佔地者引用《時效條例》取得土地，原意是避免曠日持久而難以解決地界紛爭。但發展至目前香港的情況，背景已不相同，當初的良好意願可否保持不變，卻大有問題。現今不少案例是佔地者已經他遷，或是土地已改租予他人，有些佔地者更坦承自己非法用地，不停找尋證據證明自己逆權佔地，以取得該地的地權，哪似得法例初訂時的情況。要討論逆權佔地的合理性，恰當做法似乎可以從逆權佔地的原意與目前本港情況比較，以作判斷。

　　逆權佔地當初的理據可分為四類：

　　1. 防止陳舊的土地申索；

　　2. 避免土地拋荒；

　　3. 避免地權或地界有誤而造成困擾；

　　4. 便利土地的轉易。

防止陳舊土地申索

本港所有私人土地的批出方式，不外乎兩種：一是新界的舊批約地段（Old Schedule Lot），另外則是市區及新界後期的新批地段（New Grant Lot）。

1904 年，英政府於收地初期，本擬採用清朝應有的土地紀錄，以確定新界原居民的業權，但索取這類紀錄，再作跟進後，發覺所謂紀錄，竟然「差無可差」（worse than useless）[2]，遂決定放棄此舉。英政府實行從頭測量新界的耕種居住實況，既往不咎，亦不追溯業權紀錄，只要現場生息的村民，按實地情況宣稱為地主，又沒有他人異議，便即配付地段號數，於集體官契內註冊作實，是為舊批約地段。而市區及新界後期的批租地段則是政府以拍賣方式出售的土地。本港的地主，全都有載於註冊紀錄，新批出的地段更是以真金白銀購入，其業權固可推算至百多年前，大部分都可根查至一百幾十年內；若有陳舊的申索，亦不至於無從根據。

因此，早期英國因難以根尋批地歷史而設立《時效條例》的情況應不會於香港發生。且看當初情況，是英國的封邑土地界限與範圍未必清楚。佔地者可能只知當前事實，極其量只能追溯二三十前的事物，故此時限設定或有其需要。但目前本港的情況卻未必是這樣。

雖然香港確也有地主從不現身，變成土地被佔仍不自知的現象，但這無損地主的註冊身份。至於何者為「陳舊」的申索，亦應與社會情況配合。現今的《時效條例》訂定12年為喪失追溯權的限期，相當於認定12年前的紀錄已屬「陳舊」，豈非太短？對地主而言，可説有失公允。

避免土地拋荒

土地是萬物託生之處，是重要的資源。若任由一幅土地拋荒，不事生產，絕對是浪費資源，並無良法可補救。所以，若土地被拋荒，不應視為僅屬個別地主的損失，而是整個社會之災。若非有法律來對付這種耗費土地資源的行徑，當演變至某一大地主佔有大量土地而又蓄意拋荒，豈非與廣大市民為敵、影響民生？故此拋荒土地，應是社會不容，這樣的理據似乎最充分，足以支持逆權佔地的措施。遇有地主放棄一地，長期不作生產，他人佔用而代勞，獲判這地主喪失追溯之權，看似「替天行道」，這是逆權佔地最有力的理據。

但這樣的本意，放之於目前本港的情況，卻有很大的偏離。真正佔用原已拋荒之地而落籍於此，勤墾地連續定居及耕種幾十年者，漸已少見。反之，種種有別於上述的佔地情況，卻絕不罕見，這正是值得討論的地方（詳見 Chapter 5）。

逆權佔地以解決越界問題

土地上的耕種或建築範圍，有實物邊線可以根尋；若這些邊線與該地段圖上紀錄的界線不符，如實地佔用範圍超越地界，逆權佔地便可作為解決這問題的一個方法。這樣的越界情況，其實亦包括兩個可能：其一是地界的紀錄圖正確，越界的建設確是有意或無意侵佔鄰地；其二是實地本就是固有的情況，只不過地界圖則有誤，以致顯示有越界的建設。

關乎第一個情況，若越界的建設已超過《時效條例》的規定，而土地被侵佔的一方亦從無提出反對，則逆權佔地的概念正好應用，這情況可說是符合逆權佔地的原意。但前提是地界圖的確是準確無誤，否則問題便可以帶到第二種情況。

第二種情況是地界圖可能失準，源於當初製圖時誤測實地事物所致，明明某房屋或某一幅用地是有顯著的周界，但因測量之時草率或其他原因，把該地段畫細了或畫歪了，造成該地段有一部分看似是超出地界伸入鄰地。這情況其實並非逆權佔地。該地的地主固然從未想過自己的建築或用地竟有越界之處，即使鄰居也同樣從無「被佔」的感覺。若然政府或定界人士指該處為逆權佔地，反會令該地主困惑，而他的鄰居如果老實的話，也不會接受這指證。但如果鄰居認為確有損失，或會順理成章地索回「土

地」。那麼，地界圖失準便會演變成爭地訴訟。

因此，越界現象可能真有其事，亦可能本無其事，關鍵在於地界圖是否準確。一般而言，若無其他有力的旁證足以證明地界圖有誤，該圖則便不容否定，只好把超越地界的建築或用地視作逆權佔地。但有些例子則可以依賴一些事物證明圖則可疑，於是，以逆權佔地方式解決問題，未必適當。

以本港百多年前的丈量約份圖（Demarcation District Sheet）為例，有些百年前的舊屋，可以相信是丈量約份測量時代的原物。這些舊屋與丈量圖比對而有不符時，便應審情度理，看看究竟是房屋真的越界，還是丈量圖失準。具體例子包括長洲、坪洲的一些排屋，實地上這些排屋間的分牆應是代表各屋地的分界。但是丈量圖上所見的地界卻盡是畫得歪斜，與排屋中的分牆交差起角，弄至實地上每一間屋呈現成跨越圖上其他地段（圖 1.1）。這現象實在不合常理。適當的解釋應是丈量圖失準，而不是實地的舊屋分牆有任何可疑之處。解決辦法應是修正丈量圖，而不是當作逆權佔地處理。

圖 1.1　實地上每間屋都跨越圖上其他地段

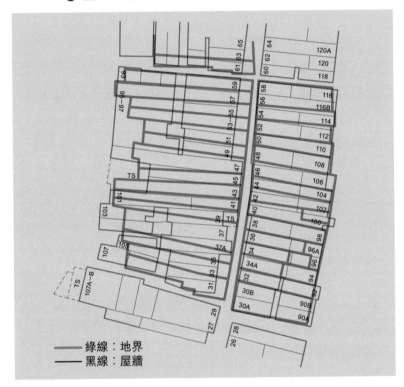

綠線：地界
黑線：屋牆

即使早年的圖則或有欠準，也絕對不似歷史上封邑的謬誤。至於用地的證據更是明確不過，自上世紀中葉，本港已有航空照片及地貌測量圖作紀錄。及至 1963 年後，航空照片更不斷供應，每一地段的變動都一覽無遺，而地主以及易手過程也可於土地註冊處查證，毋庸猜測，惟恐年湮代遠而不便根查的顧慮實也多餘。

所以，借用逆權佔地解決越界用地，也要看是否真的越界，還是圖則不準而誤判。若是後者，解決辦法應是修正圖則，而不應引起訴訟，以逆權佔地手法處理。

便利土地的轉易

《時效條例》被認為可令無人認領的土地，回放到市場上買賣，但是此逆權佔地的原意應不適用於本港的情況。

第一，先談土地無人認領。土地若真的無人認領，當然也無人出面放售，亦難有買家可進行收購。這種情況有損自然資源，固然不容置之不理，因此《時效條例》令佔地者合法擁有土地的地權，使土地繼續開發。但是這「無主」的情況，在本港很少出現，因為本港的私有土地在土地註冊處有正式紀錄。想找出某一地段的地主，只要按註冊紀錄便可根尋。若該註冊的地主或已身故，也多有承繼人可接觸，確實永遠無人現身自稱為地主的，應是絕無僅有，所以「無人認領」而妨礙土地市場運作這方面，逆權佔地的「功能」應該很微。

第二，使土地能夠繼續正常買賣。土地可以買賣本屬常態，不管多偏遠的土地，只要有該地段發展的傳聞，發展商便會大肆搜購附近一帶的土地。由於本港的土地絕大部分都可尋到地主，無論地主（包括承繼人）身在何處，覓地者總有辦法接觸到他們。

由此可見阻礙土地買賣應非事實，即使任何地段讓它保留在註冊地主的名下，都不見得有買賣的問題。但是，若某地段經過逆權訴訟而判給佔地之人，卻反會令日後土地轉手產生問題。

原來本港奉行至今的「契約註冊」原則，是依靠契約來支持一地業權是否妥善，每當投資者意欲購買一地段，他的律師當先查閱該地歷來的買賣契約，從盤古初開（即首次批出土地）起始，逐次根尋，直至最後的交易，證明從頭到尾的轉讓交接都妥善無疑，才算放心跟進作新的買賣。若以往的轉讓歷史稍有疑點，都不算是完整的業權，買家方面便會多加考慮，甚至告吹了事。

按照這樣的「查契」程序，買家方面為了穩陣「過底」，多會認定由逆權佔地得來的地段未算明確無瑕的業權，不會購入。事實上，政府處理這類土地也會「另眼相看」，不似一般正常批地，而是特別留意規範它的發展。如是者，逆權佔地者即使獲判土地，也不易發展及變賣，因而從土地角度而言，本來名歸註冊地主，買賣應無問題，反而變為他人逆權佔有的形式，卻難覓買家。因此，逆權佔地非但不能促使土地投放市場，反而影響它出售的機會和價值，亦即與「解放」土地回歸市場的原意背道而馳。

第三，逆權佔地的處理令地段碎片化。早期地段，邊界不規則引致他人能夠佔用，地界更變得模糊。另一方面，佔地者只會

見地便用，本無意理會地界何在，對於已變模糊的地界，更不會著意依隨。因此，佔地周邊未必與地段的界線相符，而是會交叉錯亂，弄得原本不規則的地段更為碎裂。若佔地者獲判土地，則他可能得到一組地段的一些部分，餘下的碎裂部分仍歸個別地主所有。這一來，許多地段便被割裂成碎塊，弄得土地買賣更為繁複。這些因素，只有影響土地的市場價值，怎符合逆權佔地的原意呢？

由此觀之，目前好些案例是否偏離逆權佔地的原意，應該大有商榷。單純考慮逆權佔地所需要的兩大要素的字面意義，可能是目前產生大量逆權訴訟的原因。其實引用《時效條例》時，應該回顧當年設立這條例的原意為基礎。

2　語出自 1898 年 10 月 8 日駱克（Stewart Lockhart）的報告——*Extracts from the Lockhart Report on the New Territory, 8 October, 1898, from Great Britain*，關乎耕地（cultivated land）的一段。

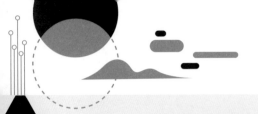

拋荒土地與違規佔用

個人擁有一部汽車而不用，或是一個手錶棄置一隅，以及拋荒其他用品，絕對是個人的選擇。更常見是個人擁有千百對皮鞋、滿屋的手袋，盡一生的時光都用不完，到最後大多是拋棄，是常見的浪費情況。但這一切例子，都屬於個人喜好或任意的行為，無損他人的利益（甚或有促進貨物銷售的功能），社會或政府自然毋庸置喙。

但是土地卻與上述物件不同，若擁有土地的人只是備而不用，任由長期拋荒，則不能視之為個人問題，實際與大眾利益有關，政府不能坐視不理。然而這所謂拋荒土地而讓佔地者免受追溯的原意，本港目前卻衍化為許多不合理現象。

曾經佔用隨之拋荒

有些逆權佔地的訴訟例子是，當地主懷疑土地被佔，意欲圍網收回時，卻有人出面聲稱已逆權佔地甚久，所提出的證據卻是多年前某一時段，基於他佔地的時段已超過 12 年或 20 年，雖然近

逆
權
佔
地

年再沒有如常使用土地，但已滿足《時效條例》的需要，引申為地主的地權應已喪失。

如此邏輯，等於説拋荒土地其實未必有問題，只是拋荒而又讓他人佔用才是，只要佔地者曾用了超過時效的年期，即使再讓土地拋荒，仍可據「理」爭取。等於該人未必深愛開墾耕種，而只為爭取權益，利之所趨而已。可憐土地若是有知，必會感覺如被遺棄的孩子，未遇訴訟之時，原告被告雙方都不加照顧，直至有一方留意時，各家又力爭，這又豈是法律上避免拋荒土地的原意呢！

違規佔用甚於拋荒

所有土地都有規範其用途，地主本身若是違規作不當用途，會受檢控懲罰，一般都不會以身試法。即使真有違規的行為，例如擴建了地積，地主也不會自我宣揚、通告天下吧！但本港許多案例，卻是佔地者非法僭建，違反用地條款，但為證明佔地之舉，並且要組成足夠年期，不惜自暴其失當行為，但求達致佔地的條件。因此，地主不敢做的違法行為，竟被佔地者採用並作為「護身符」，這豈是合理的現象？

最常見的例子是屋宇間的後巷，這些後巷本來是留空作衛生清潔、空氣流通等功用，它們雖屬有關樓宇的地段之內，但都只

能留空作通道，地主若在這些後巷搭建寮屋棚架等，已屬違法。不過，有不少後巷盡都充滿寮屋，是為他人所僭建，這些僭建者固然不理土地契約的規範，反而公開他們的僭建時段，作為佔地的證據。這種情況絕非趁著地主拋空土地而善加運用。實情卻是地主依法「使用」該後巷土地（即保持開放及暢通），而佔地者卻檢便宜佔用這土地，不但危害公眾利益，竟還引用逆權佔地的條例進行訴訟，令有關條例避免拋荒土地的原意被嚴重歪曲，莫此為甚。

更有一個可歎亦可笑的例子，某一小寮屋位於一個木屋區的入口位置，有地主甲打算收回土地，但另有某乙出現並聲稱佔用該寮屋一段時日。某甲指稱該寮屋並無人居住，質疑某乙。某乙即急謀提證，直認自己是「陀地」，替木屋區內的一處非法賭場「睇水」，日間無事，經常與人聚於該村口寮屋打麻雀，證明該屋是被其佔用。

依他所説，他其實是利用該屋作所謂「天文台」之用，這算不算地主拋荒了土地而讓佔地者補足其過，以致獲得土地呢？

不認地主，強作拾獲荒地

新界早年的土地不值錢，而人事單純，許多地主，見親友境況艱難，都會讓出多餘的土地給他們寄居耕種等。這樣安排，一

般都安於口頭協議，未必有文字紀錄，有之亦很少會呈交土地註冊處備案。而這類協議所涉及的租金本已寡少，更因當年的人情濃厚，遇有租客生活困難，地主還可能收取農作物來代替租金。

在這樣的背景之下，地主與租客間的關係，實不會有書面文件紀錄，各人都憑著良知本分，相安無事，這本是舊日農村生活的風貌。但情況隨著新界急劇發展以及人事更替，近年大有改變。原本訂立口頭租約的一代，多已去世，接著的一代，甚或是更遲的一代，自是關係疏遠，處事方式亦再不如舊日的人情化，因此便產生一些抵賴租約的情況，甚者則演變至佔地者拒認上門收租的地主。在沒有白紙黑字紀錄的情況下，他人很難理解佔地者真的不認識地主還是詐作不識，但問題卻是土地本來從沒有拋荒，若是租客以逆權佔地為由提出訴訟而令地主失去土地，實情應是租約紀錄成疑，一方不講誠信，與逆權佔地的原意——防止土地拋荒無關。

貪天之功，當作自力開荒

另有些逆權佔地的案例也是疑點重重。如申索人所索取的土地，既無明確周界，也沒有顯著用途。佔地者所指證的，只是山邊空地上的樹林或植被，卻聲稱內裡包括某些果樹、某些花草等等，是屬於他所有。這樣的申索，難免引來許多疑問，例如所謂

花卉樹木既沒有排成行列,是否經由人工規劃、特意栽培,抑或天然生成,實屬疑問。

花卉樹木既已雜亂無章,周邊又沒有圍欄以界定範圍,外人自可穿林而過,是則聲稱佔地者又怎能宣示它的擁有權?最令人迷惑是佔地者所指的樹木,與整個地區的其他樹木沒有明顯疏離,更難令人信服以什麼來界定樹木誰屬。

再推論下去,更引來進一步的問題,就是佔地者所指稱的佔用,究竟確實如何「善用」。若是佔地者勤於保養樹木,固定有果實收成,甚至外售供應市場等,則此情況或可接受為善用土地,為原被拋荒之地,加以努力化為生產地方。但若從無投放資源及努力,佔地者只是閒來出入,果實又不足外銷,純是一己享用,則佔地者未必真的有任何付出,只能算是「貪天之功以為己力」。是則地主是否拋荒土地,而佔地者是否有所貢獻,很難定論了。

這樣的考慮方式,要看佔地者是投放了資源有計劃地植林,還是檢便宜地佔用天然資源。這不是筆者的個人意見,而是借用一宗本港判例伸延討論,該逆權訴訟的判詞確有指出:「即使佔用者確有摘取果實自享,也只能算是利用天然資源,未足構成獨立佔地之意。」[3]

　　所以逆權佔地中的拋荒土地一項，是有很多變例，不是直覺地便可認定地主是拋荒土地而佔地者加以善用。每一案件都各有其獨特背景和可議之處。

3　高等法院 2000 年「HCMP965/2000」一案的英文判案書可參考 https://legalref.judiciary.hk/lrs/common/search/search_result_detail_frame.jsp?DIS=79447&QS=%2B&TP=JU。

追溯佔地期限的「矛」與「盾」

　　本文標題特意括著「矛」與「盾」實在是有用意的。這須從一個古代寓言說起，雖已不是新鮮故事，但因與本文關係密切，且讓筆者簡略地釋題再討論其餘。

　　寓言是說到有一個楚國製兵器之人，自誇出品世上無敵，既說他的長矛尖銳，無堅不摧，可以刺穿任何盾牌；又聲稱所製的盾牌是最堅固的，可以抵禦任何刀槍劍戟。有人要戳破他誇大其詞，於是問他：「以子之矛，攻子之盾」則如何？結果，「其人弗能應」。

　　這人把事件說得過於誇張至脫離事實，才會引來他人的反駁，點正其死穴。所以世事有誇大而不能自圓其說的，今人就以「矛盾」一詞，形容互相牴觸的事物或言論。自此「矛盾」兩字許多時是連結一起，成為不可分割的詞語。

　　其實，「矛」和「盾」是兩種截然不同的兵器，作用正好相反，本文是借用它們來說明一些逆權佔地的見解。逆權佔地所依

賴的法例主要是《時效條例》，這條例並非一支長矛，讓人作攻擊之用，而是一個保護罩，也可說是盾牌，令佔地者可以阻擋迫害。若沒有地主提出申索，佔用土地，等於獲得默許，應該不會引起訴訟的。

再看這《時效條例》，內容實泛指多項申索情況，例如非土地遺產、傷害賠償、租金、信託等等，各有列明不同的時限，過了限期便喪失了追索權，逆權佔地只是這條例中之一項。由此看來，則佔用土地者與佔有他人失物應無異。等於某甲拿了某乙的手錶，某乙毫不知情，又或知而不打緊，並不追索該物，因此主動權在某乙，若是某乙不想生事，則某甲自當樂見如此，豈會自行提出申索，要某乙承認放棄該物品。若某甲果真主動挑戰某乙，他豈非無事生事，自討麻煩？

但是，現今的逆權佔地問題，卻真的有不少案例，是佔地者主動挑起訴訟，自居原告發告票給地主，藉著《時效條例》，索取土地的佔有權。該地主身為被告，惟有被迫應戰。

若筆者的認識無誤，則《時效條例》的訂立，純只可作盾牌的作用，佔地者怎可以拿著盾牌，主動出擊呢？或曰：佔地者沒有業權名分，始終不能安心定居和發展，但這正是佔用土地的事實，《時效條例》明確地存在，情真理確的土地佔用者，遇有地主

出頭索地時，自可引用此條例，何須於無事發生時先反客為主，提出訴訟呢？

《時效條例》的內容，基本上是以否定的語調寫成，主要是說明追索土地，於某情形下便會失效，看來是以地主為對象。雖然佔地者亦有可能用到這條例，但條例中看不到哪裡是示意他可以主動出擊的，反而是地主挑起訴訟時，佔地者以此條例作盾牌之用更合理。實質該法例對地主而言，也充滿潑冷水之意。若是地主審情度勢，了解到追索可能失效，也應三思而後行。法例的含意，應屬擺平事實，而非鼓勵訴訟，地主或不宜躁動，佔地者更無由主動投案的。

總之，《時效條例》是一把盾牌，可提供擋蔽作用，但絕非長矛，給佔地者揮舞出擊的。

「逆權」挑戰「主權」

　　逆權佔地的形式極多，最明確的是有一幢舊屋或一幅圍牆包圍之地，經棄置後為他人佔用。而且這屋的屋主或地主確是有註冊紀錄，佔地者若要爭權，只需向該地段的地主提出訴訟，事情應屬簡單不過。

　　但是佔用之地未必有明顯的屋界或圍牆顯示，又或所佔範圍不符合地界，則佔地者可能先要弄清楚地段界線何在、地段的業權誰屬，然後才能分析向誰人索地，以及各地段的範圍，這樣的情況當然比較複雜。

　　本來佔地者不用操心究竟佔用了哪些人的地段，只需關注自己所佔的範圍，肯定該地的周邊有明確的圍網或其他設施標示佔地的實況，便達到目的。至於所佔之地內裡包括哪些地段，應由各地主自行關注。若有地主醒覺土地被他人霸佔，提出追索也是地主的事，佔地者若不甘心就範，認為佔地時間夠長久，足以引用《時效條例》當作擋箭牌，大可坐待地主提出訴訟才作辯護。

《時效條例》等於保護罩的作用，很難想像要尋求保護免受追索者，竟會主動現身作為提出訴訟的一方，為何佔地者會主動作控方以索取土地呢？以前的香港確是比較少見這情況，可說正常；但時至今日，佔地者主動控告地主，卻有增加的趨勢。

這樣佔用他人土地，並主動申索是有其誘因的。其一是香港地價升幅太大，而且發展迅速。許多原來的農地，被規劃為公路或其他政府用途時，政府會有收購補償予地主，因而有一筆款項待地主索取。按正途，這筆款項當是按土地註冊紀錄補償給地主，但若找不到地主，無人認領，則政府惟有把這筆款項擱置一旁，待日後分辨。為了不妨礙公眾利益，工程則照樣進行。

這種補償金等待釐清之事，並不罕見，因此便引起佔地者主動索地，若紀錄上的地主沒有出現，或是佔地者在佔地訴訟中獲判得直，便可名正言順取代原地主獲得賠償。這情況發展下去，有些佔地者在政府收地之前便早作安排，主動提出訴訟，若是成功，則所佔之地演變為一筆可觀金額，當然來者不拒，所以借用《時效條例》，不再視之為盾牌，反作為主動出擊的武器。利之所在，是為佔地者反客為主的誘因。

另一情況是佔地之舉多發生於上世紀六七十年代，大量移民湧入之時。若這些移民當時是少壯之年，至今若非不幸去世，亦

已屆年邁之期，他們所佔的土地盡多交由子孫接手處理。這些接手的後輩，對早年佔地緣由或不大清楚，惟趁這些長輩尚在，早日向地主索取土地，以免夜長夢多，這情況亦成為佔地者主動提出訴訟的動機。

無論是上述哪一種情況，佔地者主動出擊，自必考慮到一己有利，否則無道理在安然佔地之時驚動地主，自惹官司。至此，則佔地者充作原告，甘冒訴訟之險，亦大可理解。

至於外地的情況，筆者並沒有類似數字，不敢評論這樣的情況曾否發生、是否罕見抑或是常態，但根據以下推論，相信這佔地者反客為主的舉動，並非世間普及。

首先，逆權佔地的認受性並非舉世相同，歐洲的大陸法與英國的普通法概念已大有分別。這逆權佔地經歷一個時段便可免於被索償的概念，早年源於英國，逐漸推及至其他英聯邦國家。但這概念並不等於普世價值，以全球計算，沒採用這概念的國家，可能較承襲這英國制度的還多。所以逆權佔地未必通行，佔地者主動出擊，當屬少數。

再者，就是英國現今亦已修改法例，佔地者若想主動爭取土地，必須預先 2 年通知地主，使地主得知佔地之事，以及有足夠時間反對。佔地者必要同時達致佔地 12 年及遵照 2 年通知期這兩項

條件，才能提出索取土地。這樣改例自然減弱了佔地者主動索地的動機，當然可以想像英國之內也不會有香港的情況。所以目前本港的逆權佔地現象恐怕是世間罕有。

逆權訴訟矛盾多

　　逆權佔地成立與否，最主要的因素是連續佔地之期，並須引用《時效條例》為根據。依照該條例的原意，本是作為佔地者的盾牌，為自己辯護。但本港的情況卻非這樣，許多訴訟是佔地者主動反客為主提出申索，前文已提及了不少有關的案例。

　　但更費解的卻是佔地者竟會找法律援助署出手提供資助，亦有好些案例確是獲得法援署批准。

　　法援署自有他們的批核標準，但以常理而言，佔他者佔用他人土地而主動提出申索，引用《時效條例》，本已是反客為主，動機亦是出於自利，並非由地主挑起問題而迫於自衛。是則佔地者沒有理由要求以公帑資助訴訟。反之，若該地確有地主，但為了某些原因而喪失追溯土地之權，本已無奈。要是從無訴訟發生，則自命倒楣便是；但若衍變成被告，則難免要起來應戰，如是者無端要找律師、測量師等協助，所需的開支不在話下，而且心理上未必有準備，也是另一打擊。

　　相對於佔地者，誰更苦惱、誰更吃虧，未必容易有定論。要是原告與被告雙方都求助於法援署，則該署又如何評核？總不會雙方都獲得援助吧！

　　據知，法援署應是考慮申請人的理據，道理充分及勝訴機會大的，較易批准。這固是應有之義，卻帶出了矛盾現象。是即獲資助的一方，理應是將爭取到土地的一方，亦即是說，這一方將獲得利益，事前所得支援只是利上加利。

　　雖然他在勝訴後或要還款給法援署，但事實上仍較另一方幸運得多。所以逆權佔地而主動提出訴訟，再加上有機會獲得法援，實在包含好些矛盾因素，是本港地產特有的現象。

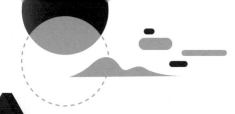

正為鷗盟留醉眼，細看濤生雲滅

　　2016 年的英國公投，決定留歐還是脫歐，搞出了大頭佛。公投結果決定脫歐，勝負之間僅相差約 3%，事後卻有逾 400 萬人聯署要求再來一次投票；亦有許多人投訴被誤導，又或後悔誤投，以及因天雨而卻步不去投票。更有蘇格蘭、北愛爾蘭聲稱不接受脫歐的結果，自尋獨立，然後與歐盟再結前緣。

　　人事方面，英國首相卡梅倫（David Cameron）聲明放棄競選連任，但脫歐一幫的領袖同樣宣佈辭職，倫敦前市長本為角逐首相的熱門人選，竟被迫下馬，總之是「七國咁亂」。

　　脫歐一事真可說影響深遠，日後如何發展，有待觀察。筆者因而想起了標題的詞句。此句的「鷗盟」兩字當然與「歐盟」有別，錯有錯著，把這詞通作「正為歐盟留醉眼」，再續下句「細看濤生雲滅」，不正好是「留著細眼觀察，看看歐盟這問題的波濤如何發展」的寫照嗎？

　　英國與歐洲大陸的關係，實在千絲萬縷，經歷不同的年代，和戰更易，自然變化更多。基本上，很多事物，英國和歐洲大陸截然不同，顯著的是行車方向，左右有別，電壓又不同，以至日常生活所用的電器插座，永遠難統一。還有所有度量衡單位都不一樣，事事要轉換，幣值單位迥異，固已是通識的一部分。總之，要詳細表列，還可以想出不少項目，是即英國尚屬歐盟的一分子之時，相異早已存在。

　　然而，亦有其他範疇尤其科研學術方面，卻有許多互相合作協力的事項，要靠歐盟才能成事，測量方面固有不少這類合作例子。據說當年二次世界大戰，盟軍計劃在法國諾曼第登陸之前，須準確測定英法海峽的距離，而英法兩地相隔遙遠，因地球的圓弧關係，兩岸不能對望，一般的三角網測量技術不能派上用場。須知當時還沒有人造衞星，否則若求之於今日，這項測量當屬輕而易舉。

　　回説當日，盟軍曾考慮遣派飛機到英法海峽之間，從上空投下照明彈，在如此高度，可讓英法兩岸同時看得到照明彈，作為兩岸共通的測量目標，克服地球弧度的問題，然後以較複雜的三角測量數理來計算英法海峽的距離。據聞如此以照明彈來輔助測量的方法，結果因種種原因和考慮（最主要恐怕是驚動敵方）未有付諸實行，卻因而衍生了一項測量方法，是為「照明彈三角測量

法」(flare triangulation),測量與軍事連繫,實亦不足為怪。

英法海峽不單為了軍事行動才須知道它的距離,而是為了建設英法隧道,更要極準確的測量。如今這隧道已完成,標誌著高水平的測量與工程成果,如此科技項目,資訊交流從來不少,而這亦與英國是否參與歐盟,關係不大,不若其他金融、貿易、政治等範疇受影響。

上訴何時了,勝負知多少

土地測量,基本上是科技項目,英國是否脫歐,理應沒大分別,但事實上未必盡然。且看 1999 年間英國有一宗逆權佔地案例,當時有格林姆(Graham)一家人,擅自佔用了某一公司(原告)的土地,原告尋求收回有關土地,訴之於法庭,當時英格蘭高等法院的裁決,是接受格林姆所言,始自 1984 年已行使了逆權管有,因此根據《1980 年時效法令》(即現今的《時效條例》)的規定,判決原告敗訴,失去地權。

原告後來提出上訴,繼而獲得上訴法院判決得直,上訴法院所持理由是格林姆並不具有必需的意圖,因此並未完全符合逆權佔地的條件,上訴法官更加多把口,提及 1998 年的《人權法令》,以及《歐洲人權公約》中所謂「安寧地享用財產的權利免受到侵犯」的論點,作為闡釋判決的理由。

　　這一來又引起了格林姆的回應，向英國上議院（即最高上訴法庭）提出上訴。結果呢？上議院再來翻案，判決格林姆得直，並回復高等法院的命令，理由是格林姆已逆權管有有關土地[4]。

　　事態發展並未停止，還請看下去。事已至此，自然是輪到原告不服，但是案件已經過了高院、上訴法院以及上議院三層裁決，經歷了「負一勝一負」三階段。即使體育遊戲的三盤兩勝，也是必輸，更何況法律遊戲不是這樣，而是每上一層都是級數加高而成為終結。原告身居英國之內，無法再作任何上訴，如此走投無路之下，原告竟向歐洲人權法院上訴，而針對的人物也不再是格林姆，這次的被告竟是英國政府，上訴的理據是英格蘭的逆權管有法律違反《歐洲保障人權和基本自由公約》，令他喪失土地。

　　此案於歐洲人權法院的審判庭審議時，由七名法官審理，結果以四比三的多數裁定英國的逆權管有法例剝奪了原告（地主）的土地權，令原告承擔過重的責任，法例亦破壞了公眾利益及地主的權利[5]。因此，這項英國法律確是違反了《人權公約》，相當於歐洲人權法院審判庭替該地主再翻案。

　　英國政府如此輸了訴訟，當然不會就此俯首投降，於是再要求歐洲人權法院由十七名法官組成的大審判庭重新審理該案，

結果這次判決是以十比七的多數裁定英國有關法例條文並無違反《人權公約》[6]。這一來，早前的裁決又再來一次翻盤。

凡事都有偶然因素

這案件打從英國開始計，則經歷了五次裁決。站在地主的角度看來，是等於第一次輸，第二次贏，第三次輸，第四次贏，最後第五次仍是輸了。如此反覆起伏，好比大滿貫網球比賽，各人輪流處於勝負之間，緊張刺激，未到最後不知鹿死誰手。回看審議及判決的過程，卻不由得令人無所適從，且帶有偶然因素的感覺。

試看歐洲人權法院的先後裁決，以數據的比例來分析，不難令人懷疑審判的說服力，試以兩次裁決的百分比來計算，應可得表 1.1 的結果。

○ 表 1.1　逆權佔地訴訟裁決統計 ○

	法官	認為違人權法	認為不違人權法
第一次	7 人	4（57%）	3（43%）
第二次	17 人	7（41%）	10（59%）
平均百分比		49%	51%

是即如果第一次判決和第二次判決沒有主從之分，且能夠合併考慮的話，則兩次的正負雙方人數比例，差不多剛好相反。亦即是說，把該兩次的人數比例取其平均數，得出 49% 比 51%，相差甚微，其間只要任何一位法官回心轉意，結果便會逆轉。

世間大事，其實往往繫於個人一念之間，但這樣的不確實因素卻可能影響極大。就以這宗案件為例，英國的逆權佔地條例，事實上判決為無違反人權法案，則英國可以如常引用逆權佔地的概念，不會影響行之已久的運作。但若判決是相反，則英國可能須重新檢討許多法庭的裁決，以及改變許多行政措施，天下之大亂可以想見。

英國公投應作如是觀

至於香港跟隨英國法律，亦必深受其影響，這所謂「蝴蝶效應」，歐洲的一項決策，會大大影響香港。這案例亦可說明，凡以群組決策，遵從少數服從多數的原則，雖屬民主的體現，但其間亦可能有偶然的因素，若非有壓倒性的投票結果，所謂多數的一方未必等同真理。本文所引述的案件固是如此，今次英國公投，恐怕亦應作如是觀。

　　脫歐或是留歐，可能受偶然因素影響，而牽涉的後果，亦是千絲萬縷，即使看似與政治經濟無關的土地測量，亦難免有連繫。現今英國公投的結果雖定，但日後發展，還要看濤生雲滅。

4　英國上議院 2002 年「J A Pye (Oxford) Ltd & Ors v Graham & Anor [2002] UKHL 30 (4 July 2002)」一案的判案書可參考 https://www.bailii.org/uk/cases/UKHL/2002/30.html。

5　歐洲人權法院 2005 年「J A Pye (Oxford) Ltd v. United Kingdom [2005] ECHR 921 (15 November 2005)」一案的判案書可參考 https://www.bailii.org/eu/cases/ECHR/2005/921.html。

6　歐洲人權法院 2007 年「J.A. PYE (OXFORD) LTD and J.A. Pye (Oxford) Land Ltd v. the United Kingdom [2007] ECHR 700 (30 August 2007)」一案的判案書可參考 https://www.bailii.org/eu/cases/ECHR/2007/700.html。

Chapter 2

逆權佔地
的時效

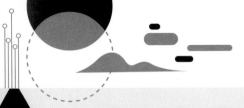

逆權佔地與人壽關係

　　2015 年，一位 70 歲出頭的長者，為要自食其力，不取綜援，於退休之齡，仍然繼續任職保安員，竟然以身試法，自己製造假證件，把年齡改至 65 歲以下，以求一職。事情卒之曝光，長者遭受起訴，法官以製造假證件罪大為由，判該長者坐監四個月[1]。

　　若是尋常製造假證的案例，市民可能不會置評，但是這一案例，卻引起社會很大迴響。有謂該長者不是存心作惡，且他的行為並沒有損害他人，紛紛求情說項。後來由法官覆核，雖然維持原判，但市民的意見，並沒有被忽視。

　　此案之所以發生，主因在於法例所訂的年歲限制。作為保安員，是否必須 65 歲以下才可勝任？這樣年歲的規定，本當有其道理，必要有一數字作為「截數」。若說 65 歲不當，則是否需改為 67、70 或其他歲數？法例總要劃一，很難因個別情況而撤除標準。如今正因發生此案，政府有意檢討這法例，看看這年歲規範是否需要修訂。

這樣的檢討，也可說是順應民意，關鍵之處是法例需與時並進，許多有關年歲年期等法例更當如此。以前人類壽命平均只有五六十歲，因而有「人生七十古來稀」之語。唐代大文豪韓愈於其《祭十二郎文》中更自我描述：「吾年未四十，而視茫茫，而髮蒼蒼，而齒牙動搖。」年老的情況，於三四十歲時已盡顯現，何能長壽至五六十？更遑論七八十的高齡。

但眾所周知，現代人均壽命已大大提高，六七十歲的體能往往不減壯年，好些沿襲自往昔的法例當已不合現代情況。例如公務員的退休年齡早已從 55 歲改為 60 歲，現正考慮再改為 65 歲。總之一切法例或行政規範中有關年齡、健康等因素都應該按人壽的延長而檢討。例如駕駛執照便無固定的「一刀切」，容許長者經由醫生證明，仍可定期續牌，實是理性之道。

法例原抄襲英國

說了許多年歲問題，只因逆權佔地時限也有類似之處。香港原先的《時效條例》規定一幅土地遭人霸佔超過 20 年，地主便會喪失追索權。這 20 年的時限，想來是與人均年壽有關。當年的人壽，就說是五六十年罷，個人的工作生涯最多也只有三四十年。若論某人終其 20 年時間，定居開墾同一地段，這便代表了他大半生有生產力時間的貢獻，容許他免於被逐，也合人情法理。

　　但這 20 年的時限，英國後期竟於改為 12 年，而香港亦於 1991 年跟隨修改法例為 12 年。這一修改是出現於人均壽命延長之時，因此當時尊重土地佔用者大半生勞力的原則再也不符。現今人壽雖未至倍增，但較之數百年前必也長了二三十年。今人一生的勞動時間，可有四五十年甚至更長，而逆權佔地時限反改短為 12 年。此消彼長，則有意佔用土地的人，豈非有足夠壽命，連續佔用不同土地三四次？對於尊重用地者的貢獻與保障地主權益之輕重，似乎大失平衡。看來當年的 20 年為改 12 年，道理何在，有待商榷。

　　一切有關人壽年期等法例，實在需要與時並進，配合當前環境。因假證件作大廈管理員一案，引致檢討法例，總算是合理之舉。希望這行動可以作為例子，引發更多類似的檢討。

1　〈拒綜援 七旬翁假證做保安判囚〉，《明報》，2015 年 4 月 17 日。

法例講時限，何者更有賺

　　2016 年的「巴拿馬文件」事件，豈只是滿城風雨，簡直是滿「球」風雨，英國也不例外。英國首相卡梅倫的家族被揭發持有離岸基金權益，他 5 年前獲得母親的饋贈，更被責有逃避遺產稅之嫌。這宗報道揭示了英國的遺產稅制度，原來父母的饋贈須於父母身故之前 7 年以上付出，才算是真的饋贈，不包括在遺產內，否則仍然視作父母遺產的一部分，依例要繳交達 30% 以上的遺產稅。

　　以卡梅倫這事件為例，他母親付那筆饋贈給他至今（2016 年）只過了 5 年，還未到 7 年期限，若是他的母親於餘下 2 年內不幸離世，則卡梅倫有否申報該饋贈或有否存放海外，便大大影響其遺產稅，再進一步追究便牽涉到誠信問題。此事可大可小，重要性不容忽視。

　　此遺產稅制度又與逆權佔地有何關係呢？答案是兩者都與時限有關。父母饋贈方面，超過 7 年便可不視作遺產；逆權佔地方面則超過 12 年，《時效條例》便可「保護」佔地者免受追討。純以時

限而言，無疑是後者長於前者，但若包括其他因素來看，則誰較有利、時限比例是否公允，便大有討論餘地了。

因素一：支付與收取的關係

父母饋贈子女，當然出於真心。雖或有避免遺產稅的動機，也總不見得是不良做法。父母子女是一家人，與逆權佔地訴訟雙方的對立關係，絕對有別。佔地者與地主可能根本不相識，無論如何必不會是地主甘心送出土地，而佔地者會道謝接受，否則就不會出現訴訟了。如此看來，父母甘願饋贈，而子女欣然授受的情況，則要 7 年時間才能免卻抽稅。但逆權佔地的兩人敵視情況，則只須 12 年證明，便可由佔地者奪了地主之業權，時限比例還不及真心饋贈的兩倍。試想若父母未足 7 年可能去世，而需冒著支付近三分一遺產稅的風險，何不索性避開饋贈方式把土地給子女，而由子女採用逆權佔地方式「承受」土地。這一來，若父母不幸在 7 年內去世，子女只要繼續「佔領」土地，然後多等 5 年或以上，便可得領土地而又避免繳交遺產稅。

當然，如此的「逆權佔地」，實行上可有不少細節及不通之處。不過 7 年比起 12 年，配上親情與對敵的現象，這時限的比例是否公允，大家可有意見嗎？

因素二：成本與利益問題

子女接受饋贈可說沒有成本，但關鍵在於子女應無要挾父母，早得饋贈或是來自遺產，遲早都到手，差別純在遺產稅這一筆而已。然而佔地者所佔有的土地業權原屬於地主，成本同樣不多，他固然有份出力開墾土地、建設屋舍等，但所有氣力屬他自用，並無與地主分享。若是訴訟失敗，也不可算是白費氣力，只不過是享用之權從此終止而已。亦即是說，佔地者的利益不能延續，而非真的有失，至少在敗訴時應不需要另行賠償給地主；一旦勝訴，則可以一句「謝謝」獲取土地。且看現今土地價值不菲，如此受惠於 12 年時限法例，便可唾手而得巨利，勝訴後既不用支付地價，亦不用納稅，比之承受父母饋贈、於 7 年內仍須納遺產稅，成本更少而利益更大，自可顯見。是則這 7 年與 12 年之比，其合理性大有討論餘地。

想來各種法例之中，必有不少是與時限有關。若是能把所有有關條例羅列，細加比較各時限長短，以及與成本和利益的比例，或許還會有不少有趣發現。

逆權佔地時限限何人？

　　逆權佔地的依據乃是法律上的《時效條例》，這條例包括的範圍甚廣，涉及金錢債項、商務合約等，而最常見於土地測量方面的是逆權佔地一項，因為有了此《時效條例》，規定了地主被他人侵佔土地超過 12 年便喪失追索之權，才有目前許多的訴訟案件。

　　這樣的時限規定，看似只應用於地主方面，提醒他的權利有所終極；對於佔地者，卻無相應的申索時限。且看現今許多索地的案例，提出訴訟者，或會是地主，亦會是佔地者，於案件提出後，可能一拖便是多年，還未見有跟進，似乎於此期間，雙方仍可爭取時間搜集證據，又或尋求調解。時間究竟掌握在誰人之手，而有無法例指定案件必須終結之期，看來並未明確。

　　但凡有訴訟提至法院成案，自有一個案件號數編給與訟人士，該案件稱號必附有年份，使人一看便知道案件提出訴訟之時，正因有此編號制度，當測量師受聘作專家證人時，一看即知接來的案件是何年發生，而這個年份對於測量師的工作大有關係，因為就地貌情況、居住環境等測量搜證，主要是看這訴訟案

件立案前 12 年的狀況，至於案發後土地的轉變，法庭卻未必需要理會。

這項時間因素，當然是測量師需要留意的，不然律師也必會提點，按理於測量師受聘之日應是訴訟發生之時，但事實上卻不一定是這樣，有些案件找上門時，立案時間已是一兩年前之事，這早已不算奇怪，好些案件竟是三四年前，甚或五六年前也有，原因未必是人為的延誤，而是與訟雙方人事有變遷，或是需時協商而不果再來兵戎相見等，才出現這遲遲才找測量師的情況。

但無論如何，這樣過了多年才找證據，始終不夠理想。筆者親歷的一宗案件，原來訴訟已是 20 年前提出，拖延如此之久，總是罕見，不知尚有無其他案件破此紀錄。且說此案件，既是 20 年前之爭執，測量方面亦只需要重窺三四十年前的地貌環境，直至 20 年前為止，此後的變化卻無須理會。

如此一來，測量任務相等於考古，工序上本無問題，乃是搜集歷年的舊航空相片及舊地圖等，研究其地貌及變化，只不過以常理而言，即使是這樣的歷史研究，可以讓律師及法庭方面作出裁決，但這只可以代表於 20 年前該地應屬於地主還是佔地者，而對於現今狀況，如何去執行裁決，仍然令人費解。

　　訴訟一經提出而又經年還不處理，實有令人狐疑之處，是因提案之後，似乎沒有規定該地必須凍結發展，保留「案發現場」以待裁決。反之，不少情況是有人在現場急急加建房屋、添置圍網等，以求鞏固其佔地事實，又或有另一方，強拆磚瓦，破壞建設，使居住者不能安居。總之，案件一再拖延，現場多會改動，是則裁決是按歷史的某一時段作準，而實地若已面目全非，是否要求與訟者先還原歷史而後執行裁決呢？

　　這樣的地界訴訟現象，若發生於其他類型的案件時，豈非更會引致怪異的情況！譬如有離婚而爭辯子女撫養權時，若拖延以年計，則子女自會長大，非再是幼兒之任人擺布，判決豈非更多變數？當然這只是一個譬喻，現實上總不會有夫妻爭取幼兒撫養權，而待至 20 年後該小孩已是成人才得到裁決吧。

　　總而言之，逆權佔地，過了期限不能追討，是則提出訴訟也應有個期限，逾時不再審理，否則以拖延 20 年的例子來看，原來與訟雙方等待審判時，怎料實地已有第三者佔地超過 12 年，更符合逆權佔地條件，那又怎麼辦呢？

Chapter 3

逆權佔地
的測量效用

歷史助測量

　　土地測量絕不止測量土地現況。為了不同需要，土地測量師還須回溯往日的用地情況，追查歷史。尤其地界爭拗、逆權佔地訴訟，更離不開翻看舊日地圖、早年航空照片及過往土地紀錄等，所以現今的工作，實與歷史不可分割，因此筆者對歷史的要求及閱讀歷史的態度，也略有領悟。

　　土地測量師在逆權佔地案中作為專家證人，需要分析歷年航空相片（aerial photograph）作報告，細說地面居住情況及所顯示的變化，然後呈交法庭考慮。與此同時，法庭自會收到與訟雙方人士的證供，這些證供當然是從他們的角度申說，許多內容是關乎某一方的用地時段、何時結婚生子、何時蓋屋耕種、何時申請水電等，基本上與測量師的專家報告很不相同，但其中蓋屋耕種等方面是會反映在地貌上，可從航空相片看到，所以測量師須扮演專家證人這角色。

　　這項證人的任務，往往包括仔細看圖片，分析所見事物，讓法官了解地貌變化，再印證其他證供。測量師在查閱舊航空照片

時，便需要分析往日的用地情況，證明某屋宇是何時興建，後期有否更改，甚或加高改矮、拆卸重建等。此外，更要研究地上其他事物，如鐵網圍欄、水池茅舍、農耕情況、道路交通等。當中的橋樑大廈之類，當然可一目了然，但許多頹垣敗瓦、廢池舊物卻難以分辨，尤以細小或垂直物體如圍欄閘口之類，最難觀察。若對往日生活形式、歷史現象等有足夠認識，觀看相片時便較有信心，免於出錯。

例如早年新界一些地區盛行製磚工業，航空照片會出現一些磚窰，今天看來應屬陌生。而地上或有不規則及斷續的矮牆出現，直覺看來會令人摸不著頭腦，卻原來這些條狀東西是排放在陽光下曝曬的磚塊，是土法製造過程之一，連繫磚窰的出現，更可令人明白整個歷史現象。

另一例子是七十年代初期，許多新界村屋的屋頂都呈現一些異象，有些暴露出支架橫樑，有些改變了顏色或像有帆布木板蓋著等，看來都是同期破損、磚瓦不存。原來這樣的破壞現象真的是事實，乃是 1962 年颱風溫黛所造成。若非想及這歷史現象，則村屋之特多補頂甚或順勢改建，便難以解釋。能這樣對證歷史事實，自然增加分析相片的信心。

總之，對舊日生活習慣多些認識，便對航空照片的內容有

多些了解；又或多參看歷史大事，如丁屋制度的設定、大逃亡年份引致特多僭建木屋的年代，以及風災雨災及大火災的後遺現象等，都會引致地貌或建設的變動。這類歷史知識也都有助相片的分析。

觀察與推論要分清楚

在爭拗地界、申辯逆權佔地的案件中，這些照片上的事物便是關鍵之處，所以測量師的報告，必須提及這類地貌的情況，而與訟雙方的律師，亦必以這些事物為爭議的重點。

在這背景下，測量報告若稍有瑕疵，也必會引來許多質疑，須多番解說。這便是前文所說的描寫事物時，作者或會加入主觀成份而不自覺。例如在測量報告中常見一些句子，說是「於某某年的相片中看到一道圍欄」或是「於某某年的相片，某一小路沒有了」。這些文句，驟看是沒有什麼問題，但每當與訟雙方爭辯之餘，卻會顯現相中事實並不一定如此，可能圍欄一道，只不過是黑影一線；同樣，某小路未必不再存在，只是有樹木遮蓋以致不能看見而已。

借鑑伽利略紀錄方式

如此說來，並非指測量報告一定有錯，黑線可以另有解釋

之餘，也確可以是圍欄；樹下小路可以原封不動，但也會真的消失。只不過測量報告若能稍加註釋，分別說明觀察所得，然後再加分析，闡明理之所在，推斷該黑線是什麼、該小路是否仍然存在，則報告更為完整，爭辯亦當減少。

走筆至此，讓筆者回想起一篇印象深刻的文章，有助於我們思考。這關乎歷史上有名的科學家伽利略（Galileo Galilei），當時初有望遠鏡，幫助他觀察月球，他極細心地記錄觀察所得，並以文字和圖表詳細寫下。他觀察的時段當然很長，月亮從無至滿月，整個盈虧歷程固然概括，還不斷覆測重看，這也不用細表。

最值得敬佩的是他觀察和記錄的態度。他除記下月亮發光的面積比例，按時作圖表，更留意到月亮光暗間邊線的變化，寫下極微小的光與黑的部位形狀和面積等。他留意到一些光與暗的零碎現象，如彎曲的部位、不連續的陰影，甚至光度與陰暗的等級等。

他就是這樣不厭其詳地記錄觀察得來的現象，純以客觀態度，不作任何猜測。待至細心推敲分析後，他才加上註解，推斷月亮為球形，表面並不平滑，而且有環形山脈等。這樣的紀錄方式，分清楚觀察和推論，實在令筆者讚歎，更領略到一己之不足。這確實是一個最佳的例子，提醒我們看舊相片作證時，應分

清何者是實質可見的事物、何者是推理分析。若不知自行警惕，則是不夠嚴謹和科學精神，有愧於伽利略了。

科學觀察如是，測量也理應如是。然則編寫歷史，豈非更要嚴謹客觀，慎防混淆視聽嗎？

測量這科目本屬科技數理範疇，竟也牽涉歷史元素。是則許多社會科學及其他行業更難與歷史分割，歷史的重要性自不在話下。然而，歷史的不同事項與當前需要如何連繫，是難以預計的，所以歷史忠於事實至為必要。

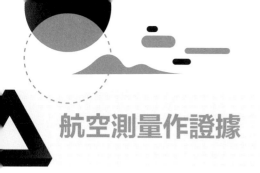

航空測量作證據

　　為了提出佔地的證據，佔地者多會提出他及家人的居住歷史或生活情況，借用水電結單及生活照片等等，描述其佔用歷史。但凡此種種，基本上都倚靠個人的口述，並基於個人的誠信，不足以構成客觀的真憑實據，於法庭上引用時亦容易受對方的質疑。

　　幸好目前香港已有航空測量的設備。政府為了不斷更新地圖，備有先進的航空攝影裝備、技術及人才，定期從高空拍攝照片，這措施正好惠及逆權佔地這範疇。

　　本來作為製造地圖用的航空相片，足以作為土地使用的紀錄，這些相片難以作假，相片上也清楚反映實地的情況，更有日期時間紀錄，可以作為逆權佔地的證據。因此，現今逆權佔地的訴訟，必會借用航空照片，聘請土地測量師作專家證人，只要相片的細節清晰，專家的理解正確，逆權佔地的歷史情況自是一目了然，容易判斷。

　　以航空照片來證實用地情況，無疑值得討論。一般人拿著這

些圖片，也可了解一二，但細緻的研究卻需要技術和經驗。專家察看航空照片時，特點在於立體看相的獨有技術。原來航空測量事先需要計劃飛行的航線，根據飛機的速度、飛行的高度、快門及焦距、地形的高低落差等，設定飛行計劃，使地面所有地貌都能夠拍攝入鏡，而每一事物都必然出現於兩幀相片之上。這兩幀相片是在相鄰但不同的位置拍攝（圖3.1），正好像一個人的雙眼，從空中俯瞰大地，不但看到各事物的平面位置，更可以分辨事物的高低。

○ 圖 3.1　拍攝航空照片的方法 ○

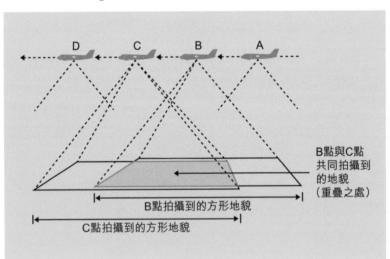

　　因此，測量師要研究地形事物，必會買下一對相片，這兩張相片顯示的地面範圍當有差別，但其有過半範圍必是重疊的。測量師要以兩眼分別觀看兩幀照片中的共同事物，構成立體的視覺圖像。如是者，地面一切事物即浮現，重組成真的模型一般。這便大大幫助了分析地形、用地的使用情況等。

　　即使是這樣的立體圖，也不是絕對一清二楚。凡有樹木、帳篷等障礙物，自會遮蓋了地面的事物；垂直的物體如電杆或圍欄等，或難以辨認；陰暗之地或過分反光處亦會影響觀察，所以看相之道，需要經驗。要從陽光角度、地上投影、拍攝時是冬季還是夏季，與早年的相片或後期的相片對照，事物的粗糙或光滑表面、影像是否不規則或排列為幾何圖案等等細節，都可能提供線索。

　　總之，航空照片可以看到許多影像，但也未必是顯而易見的，怎樣去分析實是有趣而又有用。應用於逆權佔地，是不可或缺的證據。

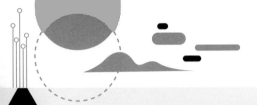

逆權佔地須計算時限與範圍

逆權佔地的證據來源有多方面，如人證、實地上的物證，以及紀錄形式的物證等，牽涉的不外是時間和空間，這就是佔用土地是否超越了可追溯的年期，以及佔用土地是否有明確的周界，這兩項證據都需要借助航空測量和舊地圖為依據。有些證據是一目了然的，但其中亦有很多案例，不是簡單地可舉證，需要細心推敲分析的，現在且略述如下。

時間方面，一般案例需要翻看 12 年或 20 年前的航空照片和舊地圖，視乎興訟時是在 12 年期生效之前或之後而定。然而，許多逆權佔地是遠在 12 年或 20 年前的，例如當事人是承繼父母而佔地，證據推至數十年前，若只看十多二十年前的相片，不足以印證佔地的歷史和沿革。

亦有一些逆權佔地，是關乎政府土地，其追溯期是 60 年，這類案例，就要回看 60 年前或以上的舊相片了。

現在是 2020 年，60 年前是 1960 年，若是現今提出侵佔政府

土地而興訟，便需要研究 1960 年前的相片，但當年政府還未有完備的航空測量，必要待 1963 年才有覆蓋全港的航空相片。

回溯歷史，1924 年，偶有相片拍攝了香港部分的地區，其後於 1945 年（即大戰後期，盟軍空襲日治時的香港），亦有零星的航空照片；再後於五十年代，也有少量航空相片，但凡此種種照片，質素「好極有限」，是故證明佔用政府土地的例子，至今仍屬罕見。

時間的因素，往往與歷史結合，例如 1962 年颱風溫黛肆虐，吹毀許多農舍。提出逆權佔地的人士，如經歷了當年颱風吹襲的，多會指出一些受損的農田屋宇和修葺的工程等，作為佔地的證據。當年的航空照片正好大派用場，可顯示颱風前後的不同狀況。又或是 1993 年政府立例禁止飼養牲畜前後，航空照片也可作佔地時期的證據。

當年政府還容許私人飼養家禽時，航空照片上可見一些農場土地或池塘水面散佈白點，這些白點都是地上的雞隻或是水上的鴨群，但自禁例生效以後，類似的照片景象已不再。

至於佔地範圍問題，若是根據屋宇或是圍欄作為邊界，則航空照片會清楚顯示。但有很多爭地的案件，並非以此等實物佐證，佔地或只有耕種活動，而沒有任何建設以證明其佔地範圍；

又或聲稱以種樹為業，樹木所及之地，就是佔地的範圍，遇有這類案件時，航空測量所能提供的證據，便有局限。因為從照片所見，很可能只是樹林一片，從哪兒開始，何地終止，還須靠其他人證補充，視乎律師如何陳述，法官如何判斷了。

另有一些佔地，牽涉池塘水邊等位置，因為水位或有上落，航空照片拍攝時間亦有差異，某一照片的水線位置與另一照片的線位可能不同，如是則佔地的範圍並非簡易可證。

航空照片是不可或缺的測量證物，但是照片並非容易閱覽，未受訓練人士，更無從用雙眼來觀看兩個重疊的影像，以構成立體的景物。其中亦有許多變數，須細意分析。這是很專業的技巧，惟有土地測量師，才能提供這項服務。一般情況，法庭都接納這些測量師的專業證供，作為判決的依據。

地面相片的測量作用

　　除了參考航空照片外，另有一類通常在平地拍攝的相片，每每也作為呈堂證物，而測量師也會被邀請參與分析這類相片，且要與航空相片或舊地圖對照，讓法庭考慮。

　　平地拍攝的相片稱為「地面相片」（terrestrial photograph），一切日常生活相片、從立足地面拍攝得來的，都屬於這一類。

　　一般逆權佔地的訴訟，佔地者往往提供他們的舊日生活相片以佐證佔地的歷史，相片內或許看到一些舊屋、田畝、圍牆、雜物等，更或強調圍欄鐵網、門牌、鐵閘、水泵等作為證據。這類事物當然是佔地者一己認識的項目，並非測量師所能提供，有些更是歷史事物，現場並不復見，但法庭或想找得旁證，又或信賴測量專家作為第三者的客觀意見，仍要測量師參與分析這些「地面相片」，所以這些相片的質素及可作證物的效果，正是本文所要討論的內容。

　　就測量角度而言，這些相片須先有時間和地點的標示。時間

方面，最理想當然是相片上印有拍攝的年月日，但是一般舊相不似現今的有數碼紀錄，自動編印日期在相片上，在此情形下，惟有靠事主的口供以作補充，但這樣的資料是否為法庭接納，卻不是測量分內之事，所以餘下的地點問題，才是測量師或可著力之處。

法庭之所以寄望於測量師提供意見，正在於指出地面相片之中的某些事物是否確實存在，兼且是否出現於當事人所說的位置，若然這些事物能夠連繫航空相片或舊圖上的內容，當然更屬美妙。

能否設定地面相片中事物的位置，要靠一些因素，若然相片內出現寮屋，它的牆上顯示其登記的號數，或是拍攝到一支電桿並且看到它的號數，則一切易辦，測量師可以從過往的地籍或地圖紀錄根尋這些資料，確定這些寮屋或電桿的位置。

但是這類地面相片可說難得一遇，須知佔地者當年拍攝這類相片，多是作生活記錄之用，相片多為夫妻兒女等合照、假日聯歡等場合，拍得到門牌電桿純是巧合，而非預見日後有訴訟而作的紀錄。因此，借用舊日生活相片以求證明某些寮屋物品的存在歷史，實屬渺茫不可靠。

若是地面相片難以拍攝到門牌號數，但偶然包括一些遠山或

顯著的地標，也可以提供一些線索，例如某寮屋之後剛好見到獅子山，又或某圍欄的背景是一歷史大宅等，則通過一些附加的考證，尚有機會得出一些位置資料，但這樣的機會和成果實在不常有。

最常見的乃是相中只見近地的事物，例如寮屋一間或是倚門嬌笑的兒童婦女，此外便是樹木多株或草叢一片，絕無任何遠山名宅可作憑據，這樣的相片怎能讓人分析推理、印證事物的位置呢？

所以生活相片作為佔地證據，還得靠當事人的口供協助，測量所提供的幫助十分有限。

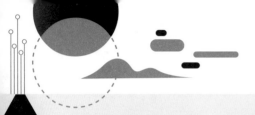

執行收地令，地界要釐清

2014 年的佔領運動，最終由法庭頒發禁制令而結束。但當法庭下了命令後，其實還有很多問題需要跟進，不是即時可以掃清障礙、驅除群眾這麼簡單。

這裡要討論的，卻不是佔領運動及禁制令的事情，只不過這新聞令筆者想到測量方面有關收地，與法庭頒令的問題，其中頗有相似之處，值得一説。地界的爭議許多是逆權佔地所引起，當任何一方勝訴，法庭便頒令敗訴者須退出所佔之地，交回勝方。如此判決多會根據訴訟期間曾經引用的圖則，顯示出有關佔地範圍，須由敗方交予勝方，由執達吏專司其事。

執達吏的工作，就是拿著圖則，實地找出該判定的土地，張貼告示，然後督促敗訴者撤離，以及執行清拆，這樣往往牽涉測量的工序。原因是一紙圖則看似簡單，但付諸實行時，會發現地面各種地貌，縱橫交錯，房屋參差，林木雜亂，很難與圖上的線條對應。有關的土地，究竟實地何在，已難找到，更遑論要細意訂出該地的界線，所以在許多情況下，執達吏都會要求有地可收

的一方，聘請土地測量師協助，找尋需收回的土地，並在現場放點，確實定界。

通行至目標地問題

在技術層面，以測量找尋位置，訂定地界，本屬小問題，但因種種原因，執行之時，未必如此順利。一方面是用作裁判的圖則，未必是經由實地測量，又或即使是有經測量者，亦已是十年八年前甚至是更久遠的舊圖，與實地有別。另一方面則是施行測量及收地，不能獨立地針對需要收回的土地，還會影響附近的地界等，阻礙是不可避免的。

逆權所佔之地，或會是一大片被用作停車場或各類工地。所佔之地可能包括多幅地段，但訴訟之時，可能只是針對其中一地段，甚或是地段中的一部分。當訴訟有裁決時，執達吏要執行任務的對象，亦只會是這一地段（或其部分），亦即是實地上的停車場或工地的其中一部分。若是這收回的部分是位於整個停車場或工地的中心，則這回收之地便等於一個孤島，四面受他人的土地圍困。問題便來了：如何通過包圍之地，抵達要收回的逆權所佔之地？要執行測量及收地，首先要能到達現場。有關的目的地倘是落入一大停車場或工地之中，無公眾通道可到達，執達吏及測量人員只有借道四面包圍著的私有（或被佔的）地段，進入該要收

回之地。而其他土地的佔有者，正處於心有不甘之時，難得有留難的機會，多會趁機拒絕借出通道。執達吏空有一紙收地令，但無通行權，亦是無可奈何。

　　要向別人商議協助，卻又可能損害該人的利益，自是難以成功。諺語早有「與虎謀皮」一句。現今要從佔地的大範圍中挖回中間一幅地，何止是「與虎謀皮」，簡直是「與虎謀心臟」，其困難可以預計。且看當年大戰歷史。德國分為東西，柏林地處東德之中，市內分東西各半，一半屬於西德，即是説這一半柏林全被東德包圍，陸上全無通道到達。這獨特的情景在分割柏林時已有所知悉，故此便有空中走廊的安排，讓西德以空運形式與柏林聯絡，此為歷史上一特別事例。隨著東西德合併，如此的空中走廊不再存在，但這卻可以引申至現今收地的實際操作問題：若是其他地段的地主執意不讓收地者（包括執達吏與測量人士）通過，後者是否要出動直升機來執行任務呢？

　　總之，法庭的裁判令只根據要收地的界線下達權力，而欠缺必要的通行權，會是很有問題的。

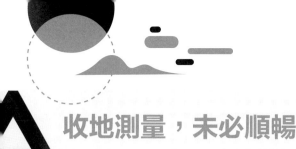

收地測量，未必順暢

　　有些逆權佔地是屋宇的形式，一屋騎越兩個地段，而訴訟只牽涉佔地者（亦即屋主）與地段被佔的地主；若後者勝訴，則佔地者便要拆除「半間屋」，歸還土地給地主。

　　至於一間屋怎樣可以拆去半間而保留其餘一半，則是另一問題，但法庭的判決自必只根據地界作準。地界既是穿越屋中間，則只有半間屋之地，成為訴訟之處，故有半間屋保留，半間屋須還原土地給地主的現象。

　　問題便在於這從中割斷屋宇的地界，需要在實地清楚釐訂，並由測量師設定標誌（簡稱為「放樁」）才可作實。因應這工作要求，執達吏往往連同測量師在現場「放樁」，如是者便會在屋宇的外牆畫上記號以作根據。但這還未滿足各方爭訟人士之需，許多時候，執達吏或有關人士還會要求測量師在牆的內側也「放樁」。

　　至此，「放樁」程序便大為複雜了。因為屋內測量，環境特殊，內裡的傢私雜物，造成障礙重重。要接近屋內牆壁，殊不容

易，莫説要按照界線來「放樁」。最壞的是執行這工序，必先要有屋主陪同、合作協助開門，搬動傢私雜物，這正等於獲取通行權以到達目標地界一般，牽涉的溝通氣力和時序安排，比技術上的測量難許多。因此，收地經由法庭判決後，跟進的測量事項仍多著的。

難以執行收地的例子還不止此。曾有一宗訴訟，判決了佔地者得直，把該人早年使用了數十年的土地範圍，判歸該人，但這土地已於近年改變了，原先被佔的土地為實土，呈堂的圖則也顯示這一事實，法庭按此而判決本可理解。但當執達吏攜同圖則，加上測量師的協助，到達現場辨認該土地範圍時，發現該地已變為一個大池塘的一部分。亦即是説，判歸佔地者的是水浸之地，無從「放樁」。該人雖獲勝訴，但很難取得該地作獨立之用。下文如何，恕筆者沒有跟進。

這案例由兩個異常原因引致。其一是興訟以至判決，拖延時日太久，一般情況是某兩方初起爭拗，經歷一年半載，未能平息紛爭，才去找律師代表爭辯，再來找測量師按照舊航空照片及地圖等，分析證據，多番爭拗無果，正式入稟法庭，排期審訊。凡此種種程序，歷時數年，已是常見；較長的過程，可達十年八年之久；有些特殊例子，超過十年也非罕見。如此的曠日持久，自會令致早年的圖則已不能反映現況。

　另一原因則是佔地者，雖曾經長期佔有，而亦因此而獲勝訴，但卻不等於他近年持續佔有該地，遂使原先的實土竟被接鄰的水塘所「吞食」，淹沒而成為一個大池塘的小部分。至此，可説是有權收地，但使用該地仍難實現。

　任何佔地的證據，都十分重要。但於發出指控書後所發生之事，則已是有關時限之外，可能不獲考慮。這亦可以説明上述例子，原先實土範圍，有證據是佔地人所有，從而判予佔地者。但於控訴後發生的水淹情況，卻不影響判決。

　總之，逆權佔地，變例繁多。大家對於地界問題，絕不能掉以輕心。

Chapter 4

逆權佔地
的類型

逆權佔地的邊線與地界關係

　　自然的山丘水澤本無界線，但好些人類於疆土設定界線。這些地界，自有政治上或經濟上的成因，並非無意義。例如一幅依據人為規劃的幾何形狀地段，由政府批出，競投者出資獲得，誰也不能指摘不妥之處。即使是規劃失當，有違天然的山川佈局，也是規劃當局的責任，投資者並無虧欠，他買來的土地仍應受尊重。

　　所以從保護私產角度而言，這類地段界線，應有永久紀錄，不能無故更移。即使是該地因地主忽略或其他原因為他人所侵佔，形成逆權佔地的情況，也不會改變地界。所改變的，應只是土地佔用之權，而非其界。但逆權佔地的範圍，未必與地段界線符合，許多情況下更與地段存有差異，這就演變出很多佔地課題上的時間和空間問題，值得分析和討論。

　　為了行文清楚和方便，且先在此訂明兩個名詞的定義。「地界」是指每一幅地段的周界，為業界一向採用的詞語。另一是「佔

地的邊線」，這詞語比較累贅，但筆者想不到更好的表達語句。最重要是此詞語特意避免重複「界」字，減少閱讀的誤會。至此，我們可以開始討論「地界」和「佔地的邊線」問題了。

純以幾何學的角度而言，上述兩者可組成四類（圖4.1）：

◯ 圖 4.1　逆權佔地類別示意圖 ◯

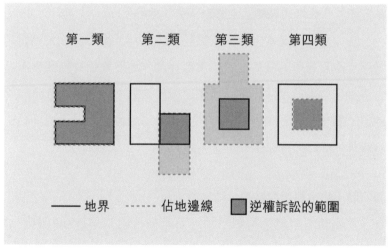

第一類：「佔地的邊線」正好重合在「地界」上

　　例如有一屋地，該屋地上的屋宇佔了整幅地段，即屋地的四邊都正好落在界線上，而此屋為他人侵佔，成為訴訟的主題。這屬第一類，亦是最明顯的一類。

第二類：「佔地的邊線」與「地界」不符，有交叉互疊的現象

例如某人在地上不理他人的地界，隨意豎立圍網，圈地耕種，所用之地落在兩幅不同地段上；地主之一發覺此事而提出訴訟。是則訴訟的主題既非逆權佔地邊線所包圍的全部，亦非某地段的全部（地界範圍），只是佔地與地段重疊的部分。這逆權佔地的情況十分普遍，亦多複雜的例子。

第三類：「佔地的邊線」全部包圍著「地界」

這類的佔地範圍遠大於有關地段的地界，例如有一大魚塘，是引水淹沒若干地段而形成。及至有某一地段地主發覺此事而提出訴訟，然而該地段已淪為大魚塘中一瓢之水，無從與魚塘的其他部分區分。這現象本不正常，但也不屬少數。問題是現場的物證難尋，惟靠紀錄著手。

第四類：佔地範圍全被某一地界所包圍

第四類情況與第三類相反，乃是佔地的範圍很小。例子是當有一大地段要發展時，有人出面謂地段內的一小部分土地為他所居住或耕種，是他所佔有的。雖然這樣的申索面積很小，但影響卻大。若是佔地者訴訟成功，等於獲取大地盤中的一支「頂心杉」，使整體發展大受阻礙。這類逆權情況亦非罕見。

　　逆權管有地段的這四個情況，可以借用四個成語來表達。第一類情況可說是「鵲巢鳩佔」，第二類為「鷸蚌相爭」，第三類是「獅子搏兔」，第四類為「虎口拔牙」。

　　純以分析角度而言，佔地邊線與地界應該還有第五類的組合情況，就是兩者各自分離。若照樣用四字詞語來形容，或可說是「勞燕分飛」。如此的分離，根本就無逆權佔地可言，又何來第五類呢？

　　事情卻是有些案例是有人根據紀錄，認定某佔地與地段有重疊，形成逆權佔地，更發展至訴訟及找測量師尋證。待至測量以後才發覺事情是誤判，看似逆權佔地之舉，實是地圖有錯，佔地範圍並未侵入所指的地段，一番訴訟原是枉費氣力的。

　　這情況固屬少數，但也不是絕無僅有。這亦說明了提出訴訟之前應先考慮地圖紀錄的可靠性。所以在這篇文章，包容此情況為第五類，也不是多餘，而反可算為警惕的作用。

鵲巢鳩佔

　　這類逆權佔地，是指地段的地主不在，於是有人把整塊地段，不多不少地佔用。例如一間房屋亦即為一地段者，一經空置，為他人入住，便構成逆權佔地。某地段或是一幅耕地，或是一個平台，四周有明顯圍欄作界，為他人整體佔用者也屬此類。

　　看來這樣的佔地，應屬典型之類。逆權佔地之原意，也當以此情況為本，其他三類反而是變例。這樣的鵲兒築巢，鳩鳥來佔，逆權之爭純在佔用時間的長短，本無大問題值得討論。但在一些逆權訴訟的案例中，卻大有變數，就是時間的元素。原來有些提出佔地之人，並非於訴訟發生之時身居所佔之地，實則他亦已遷居而丟空該地。但當有地主採取行動，或政府意欲徵收土地，則挺身出現，自稱早已佔用該地若干時日，而所指時段實為以往的日子。如此佔地，相等於歷史上佔用了足夠符合《時效條例》免於追索的期限（即 12 年或 20 年），但在訴訟時日前已停止佔用，而這情況仍可作為案例。

　　上述情況乃是逆權佔地沒有連續至訴訟之時。此外，亦有

逆
權
佔
地

一些時間上是否連續的問題。有一在筲箕灣的地段，佔地者於二次世界大戰前已僭居於此，到日佔時期，該屋遭炮火所毀，然而居者聲稱當時生活艱難，即使該處已變頹垣敗瓦亦照樣在廢墟棲身，這是一方之說。據測量師找來的證據，只有戰時盟軍空襲的照片，依稀可見該處樓房確已不存在，更當然不可能確認敗瓦之中是否有人居住。而是否連續佔地，卻是此案的關鍵，所以影像紀錄雖難以支持佔地者所言，但他口說之情是否可信，還待法庭考慮。

另有一宗在土瓜灣的案例，今次並非戰亂影響，而是大火之故，情況卻與前例相似。訴訟爭辯者本於一幅完整長方形之地有一組小販聚處，明顯已佔用了一段時日，期間卻發生了一場大火，整個地段燒空，小販固要遷出，政府也把現場圍封。但是小販卻仍然集結於該地附近，形成一大片木屋商場，更開設了小入口進入失火之地。至此，該地雖無營商販賣活動，但卻繼續堆積了工具雜物。如此情況下，有人便爭辯該地段並非棄置，逆權佔用之期不應視為中斷。測量協助下只可提供相片舊圖等事實，最終決定還在法庭的考慮。

此外更有一宗案例，在灣仔市區之處，有甲乙兩大廈中間的小巷，各有小巷一半的地段，有人佔用了貼鄰甲廈的半條巷蓋了木屋營商。若干年後，甲廈重建，佔用小巷者移到另一邊，靠著

乙廈處繼續佔用。待甲廈重建後，又再佔用小巷原來的一半，直至近日與甲廈產生逆權佔地的訴訟時仍然無變。至此，問題便出現於究竟該佔地期是連續，還是曾經中斷。

所以，第一類佔地情況，正似鵲巢鳩佔，地界方面本甚明顯，正路而言逆權的訴訟並不複雜。但當牽涉時間是否連續的問題，一如上文提早丟空、戰亂大火或拆建的中斷期例子則令這類佔地訴訟，也可以出現很多變化。

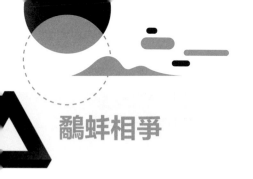

鷸蚌相爭

　　筆者以「鷸蚌相爭」這成語形容逆權佔地形式中的第二類。這一類與「鵲巢鳩佔」不同之處是，提出佔地者是本身固已有地，但其地段伸展至他人的地段，而所佔的僅為該地段的一部分。這正好比鷸鳥爭奪之物，僅是蚌中的一部分，而蚌亦不示弱，堅決不放口，因而產生訴訟。

　　這樣爭奪土地，牽涉兩種地上界線。

　　其一是地界，這界線或許有明顯的實物標誌在地上（例如平台周邊石壆）。但若沒有明確的地標，便需要靠測量師根據地界紀錄及種種證據來訂定，但無論如何，這地界必應視作位置不變的界線。

　　其二是佔地的邊線，這線條是指佔地者逆權佔用地段的邊線。若這佔用之地長久以來都沒有改變，而且有明顯的圍欄或顯眼的範圍，當也容易辨認，而爭辯之地當是地段重疊之處。這情況等於某甲本有一耕地，是他擁有的地段，但鄰人闢地作停車場

並建設圍欄時，有意無意擴建至甲方部分的地段，以致原耕地本有的周邊田基因而被破壞。

如此逆權佔地，範圍當是甲方的原有田基位置與乙方停車場邊線重疊之處，線段明顯。若有爭拗，測量師可提供協助，而法庭所要考慮的基本是佔地的用途和時日，佔地邊線從無變動，一如地界情況。

但事實上卻有許多變數，主要在於佔地的邊線方面，未必是設有圍網或其他明顯的標誌，而所佔用範圍亦未必長期相同，且沒有固定位置，亦即佔地的邊線並不確定，若干年前的情況或許與現今不同，則佔地範圍究竟以何時的情況為準，大有爭論。

最常見的無確定邊線的情況是木屋僭建。一般木屋本已參差不齊，又經常更改拆建，居住者在初建木屋時，或許只建了一間容身之所，但經過一些時日，人口增多又或是加添廚廁用地等，增大了屋位。亦有把廚房廁所改建在另一地方，不單加添分離的小屋，還使用了各屋之間的空位，這樣便產生了不同的佔地問題。其一是時限問題，各木屋存在於不同時段，必須分辨清楚某屋是長期存在還是曾經有變，何者符合法例上的時限要求，乃訴訟上考慮之處；其二是木屋群之間的空地，既沒有圍欄上蓋，亦可能有外人穿越，是否算是佔地及怎樣確定其範圍，也是問題。

佔地範圍隨時間而變動，即等於佔地的邊線存有許多不明確因素。當有佔地者委任測量師作圖為證時，測量師很難著手訂立佔地的範圍，因測量師受委任時，多在興訟提出之後，到場測量只可見現場狀況，而爭訟要點卻在十多二十年前甚或是更久遠的事物；加上現場的佔地邊線也不明確，故爭訟之地難以定界。測量師的工作便等於不單要找尋現存佔地，更要找尋「曾經」存在的佔地，這正是複雜之處。

筆者遇過一實例，是有一佔地者「曾經」建設及居住在三間不相連的木屋，有兩間建於實土之上，而第三間則連著一個魚塘的岸邊並伸向魚塘水面之上。案件審判時，該三間屋都已拆去，但法庭卻判佔地者勝訴，並指派執達吏協助該佔地者於實地上按舊屋原址收地。這收地過程當然要由測量師按圖定界，第一及第二間屋址當無問題，但收到第三間時，部分土地卻是水塘，如此「收地」，既不切實際亦難以執行，結果向律師報告，讓他尋求法庭指示。往後如何，恕筆者未有跟進。

總之，「鷸蚌相爭」這類爭地情況，地界位置應屬不移之物，當沒問題，只不過佔地的邊界卻未必如此，接受「曾經」存在的設施作為佔地的考慮，乃是問題所在。

獅子搏兔

　　討論過兩類型的逆權佔地情況後，現在要説第三類，這成語中的獅子代表佔地者，其體形氣勢絕對龐大過所佔地段。至於兔子即是擁有一細小地段的地主。要討論與訟中的細小地段，必先考慮整體的佔地，才可弄清眉目。

　　如此描寫可能太抽象，難以理解，且讓筆者以實例細加討論。有一逆權訴訟的案例是，地段甲的地主提出索回土地，該甲地段在丈量圖上是一幅很小的耕地，與相鄰耕地連綿一片，坐落新田的平原地帶。近年提出訴訟時，現場卻變成一片大魚塘，不單甲地段不見了，連同它周邊許多耕地也消失了，看來該地域都變成了魚塘，而每一魚塘是挖掘了好些耕種地段，再引水而成。這一來，地段甲只能説是大魚塘中的一瓢水域，與魚塘其他部分毫無分別。

　　另一例子，也牽涉一幅細小的地段，地主提出申索，而對家作為佔地者，卻是一個大停車場場主。該地主的地段（且稱之為乙段）在丈量圖上是有紀錄的，但實地已變為停車場的一部分。

若要明確地找回地段應在的位置，必要運用測量技巧才能訂定，很可能地段乙實則是壓在某幾架巨型貨櫃車底下之泥土，沙塵滾滾，無從與場中其他部分分割。

有些情況是，某地段地主發覺一己之地已被他人佔用，甚且欲達無從。原來，要抵達該地段之前，遠遠便有他人的閘口或圍網阻止內進，該地段實已淪為一大片被圍的一部分。欲要取回該地，便等於要從一個月餅中取回其餡內的蛋黃一樣。即地主訴訟的對象，很難認定為在該地段上活動之某一人，而是某一大貨櫃工場或農場的佔有者。

總之，這類訴訟的土地單位，雖以地段號數為主，但實質這些地段都已湮沒於更大範圍的土地內，或為水淹沒而成魚塘，或為推土機所平整而為一個廣場的部分，再也不能獨立成為易於分辨的個體。

所以提出訴訟時，佔地者應先行指示他所佔用的整體範圍、其邊界所及，而且應有實物標示。例如上文所述的魚塘，當以沿邊的塘壆為界；停車場則以其平台邊緣或圍網為界。無論何者，必須分析這佔用地存在的情況和歷史，才能討論內裡所包括的小地段。事實上，許多佔地者並無提及整幅佔地作訴訟單位，只集中內裡的一小地段作主題。如此一來，申辯書說及的很可能是水

塘的一小部分，四周被其他水塘包圍，是則説了也令人摸不著頭腦。所以若有這類案件，須找測量師作證時，不宜僅提及某一小地段作主題，必要讓佔地者指出他所佔的大範圍土地，才可作有意義的測量分析和報告。

焦點若只集中在一小地段，非但整體的佔地形勢被忽略，法庭的考慮也可能被誤導。若因此而判決該小地段的地主得直，可以收回土地，實行上也有困難。以被水塘淹沒了的地段為例，「收回」土地是否要把整個大水塘抽乾，然後讓勝訴的地主加設堤壩圍著地段？若非如此，可否在塘內「畫」出地段範圍，「著令」塘中的魚避免穿越該地段？即使如此，還有另一個問題，就是地主真的「收回」他的地段後，怎樣通過四周其他的水塘範圍，達至有效管治一己地段的效果？

回看這種水塘或停車場現象，實非一朝一夕可形成，整項事件必經歷一段過程。必是原有的地段為人所丟空，他人起了佔用之心，卻不就此進駐，而是破壞該地段的邊界（如原耕地的田基），然後與鄰地連成一片開墾為魚塘或其他用途，是則自會引起幾個問題。其一是地段的邊界被毀時，地主是否絕不知情，抑或是知道也沒有抗議。其二是該地段處於原來農耕狀況時，地主必有通道抵達該地段，若然，則提出索地訴訟時，是否要同時提出「通行權」（right of way）一項。最後是整個魚塘（或停車場）所

包括的其他地段，是否都是該塘主（或場主）所有？會否有其他小地段也要同期處理？

　　總之，這類大片佔地而吞沒其中一小地段的情況，必須考慮該佔地的整體，而不能單是著眼於某特別的一小段作主題。

虎口拔牙

　　第四類的逆權佔地是指地主一方擁有的是一大片土地，比之為老虎。佔地者要申索的只是當中的一小塊土地，情況好比虎口中的一隻牙齒，看來本是微不足道的要求。但問題卻在於該申索的部分可能影響整體，後果嚴重，與損失一手一腳無異。

　　比喻不再多說，且來說一些實例。最常見的情況是一幅大地段，上蓋是一幢大廈或一組房屋，中間留有小巷通道。小巷中不知何年何月開始被人蓋了木板或鐵皮屋作棲身謀生之用，例如剪髮補鞋等。這類佔用形式非但不影響民居，反可能為街坊提供日常服務，平時不會侵犯地主權益。惟當該地要重新發展，問題才顯露，這些謀生人士會以長年佔用為由，按時限條件而申請逆權佔地，重建計劃便大受影響。

　　另有類似情況，爭拗者提出訴訟的土地並不是棲身謀生的據地，而是一個貨櫃箱作儲物用途，事情發生於一幅大地段之上。此地蓋有一獨立洋房，四周有空地，近年多次易手。新舊地主交替時，只會集中注意樓房，不大留意四周丟空的地皮。至於此地

的鄰居卻是歷代定居者，每有雜物枱椅堆置室外，因而亦有一個大貨櫃箱佔用了相關地段。這情況本屬長年存在，只是到了現今的新地主清理空地才引起爭執。鄰居以逆權佔地為由，提出訴訟，這與一地段中的後巷被佔無異。

還有一些地段，既無人定居，亦無貨櫃箱實物放置，但仍然免不了遭人申索地段中的土地。原來地上經常為鄰居或他人行經穿越的地段，久而久之，亦會形成一項權益，不是地段地主所能忽略。而這類通行權卻是直接侵害業權，一旦他人申索成功，地主所損失的不能單從小徑的細小面積看待，而是這小徑穿越之處乃是地段中的心臟地帶，影響設計和發展，情況豈只是虎口拔一隻牙，簡直是「蛇腹取膽」。

看來這幾個逆權佔地的例子皆有一個共通點，是為爭奪的小許地方乃是大地段中的特殊部分，從地主角度看來，相等於「頂心杉」。然而，佔地者卻本無意立足於某特定的土地上，佔用後巷者必是隨著大廈或屋苑落成後騰空出來的空位而定居；放置貨櫃者亦當隨意擺放在鄰居的空地上；取道他人土地出入者更不會介意行走的通道是否一條固定路線。這些佔用者，所要的其實是繼續可以棲身、可以儲物，或是可以通行。這一切要求雖說是有關土地佔有，卻不一定要佔用某一特定位置的土地。

　　若依照筆者這樣的理解，則這類逆權佔地應該與一般「鵲巢鳩佔」式的佔地不同。

　　鳩佔之物是整個鵲巢，有明確位置。現在討論的「虎口拔牙」只是一隻虎牙，實無須指明是哪一隻。等於後巷的木屋或空地上的貨櫃箱，不見得這些物件必要植根於特定位置的土地上，只要地主重建後照樣提供後巷或同類空地供佔地者使用，則整體地利不受太大影響，而佔地者的權益也可維持。如是補償等額土地而非割切特定位置的土地，應屬合理之舉。

　　結論是，這類從一大地段挖出小許佔地的情況，應以另類態度處理，不宜視作逆權管有特定位置而損害完整大幅土地的地利。

勞燕分飛

　　這裡借用「勞燕分飛」這四字詞來形容兩地段是分離的情況，與前文的四類逆權佔地應是不同，甚至不應視作逆權佔地的一類。但事實上卻有兩分離地段竟也產生逆權訴訟者，說來可能是怪事，所以更是值得討論。

　　原因乃是早期的批地圖是以單一地段為主題，相近的地段A和B，在實地上可以由政府人員指示出它們的位置，互無牴觸。但於繪畫成批地圖時，變成兩幅獨立的圖。拿著A圖的並看不見B的存在，反之亦然。如是者兩批地圖都存於土地註冊處，及至二十世紀七十年代之後，新界理民府（後分拆且部分編收至地政總署）著手編成目前的「地段索引圖」，把各地段放在同一系列的地圖上，讓相鄰地段的關係，一目了然，補救了批地圖獨立無依之弊。但這樣的拼合工作並未經細意測量確認，難免疏漏。加以原本的批地圖已是粗略，這樣的索引圖實難作精準定界的用途。

　　然而大多市民不察，照樣拿著地段索引圖便即當準。果然有一宗訴訟是為一幅甲地段的地主，依照索引圖所示認為另一乙地

段之屋越界侵入甲段，連同律師提至法庭立案。隨後聘請土地測量師作證。經過了測量程序，根據批地圖以及其他事物分析，結果發現甲地與乙地並無重疊，而實地乙方建築亦無越界。甲地段實應稍離乙地之屋少許，一切只是圖則誤導，測量未及所致。

這樣的案例，固屬罕見，但非唯一。從事這類的測量人士，於受聘之時亦應記得地段有此「勞燕分飛」的可能，這樣才能全面地考慮逆權佔地的問題。

逆
權
佔
地

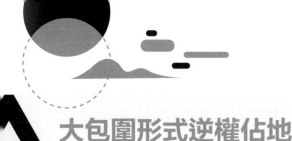

大包圍形式逆權佔地

　　新界偏遠或山區地方，一般農田或村屋都是疏落散佈，中間必有荒地樹林，仍屬政府地。若該地從無發展，則散落的地段可能日久失耕，不易辨認，又或間有清理，亦不見有何規模。而動手清理者，未必是地主本人，只是受僱之人或旁居者。這些人士開墾土地時，未必理會日漸消失的田基地界，亦懶理地權誰屬，連政府的空地亦照樣使用。

　　在這樣的情況下，便往往產生逆權佔地的訴訟。一旦有某地將發展的消息，地價看漲，自有地主開始留意所擁有地段的情況，而替他清理土地或是其他佔地者，亦當爭先聲稱逆權佔地，紛爭因此觸發。

　　這類荒郊野嶺之爭，多有一特色，是乃佔地者不會單指某一地段為其所佔，而是「指點江山」地聲稱東自某一溪澗，西鄰山脊，南近叢林，北連大路等地，都是他的「皇土」。「皇土」中間包括散落的耕地、殘舊的村屋牛棚，或是棄置的水池空地等，都是常見景象。至於圍欄鐵網，或斷續有之，不過未必清楚地包圍

整個「皇土」，沿界而建。

佔地者如是申索一大範圍的土地，可説是「慳水慳力」之舉。對他來説實有兩利：

第一，他避免提證個別地段的佔用情況，只利用地主棄置土地的事實，作為佔地的理由。至於他有否致力開發、著意建設等，則不加細説。及至訴訟時，佔地者基本上成本甚低，只視任何單一地段屬於他的大範圍中之一點，不用自己操心，任由地主找尋證據以示沒有棄置土地，輸了訴訟固然無損，勝了則當然白賺。這情況猶如人們遺失東西，拾遺者不報而逍遙無礙，頂多是失物待領，還要物主一番工序，證明無誤才作奉還，是為佔地者有利之一。

其次是佔地者以山川形勢作為佔地範圍之辨認，自己卻節省了築牆圍網的氣力，是即「貪天之功以為己力」的現實寫照。須知溪澗叢林難以穿越，自是天然屏障。佔地者聲稱以這些事物作界，最方便不過，但問題卻是該溪澗是否佔地者所開闢、叢林是否他手種，還有該大範圍內的散落地段，是否有系統有組織地整體發展？其中所包括的政府地是否另有安排？凡此問題，佔地者應須圓滿解答，否則申索土地乃無本生利。實例上多無人要求佔地者解答。

　　這類「大包圍」佔地情況並非罕見，看來公允之道是先由佔地者提出證據，而非要個別地主以「失物申領」的態度來訴訟。

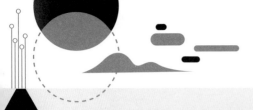

佔用公地不同情況

霸佔政府地，一般所討論的，無非是佔地的大小、年期的長短、佔用的形式、於該佔用人的利益與公眾的損失等。但以筆者的認識和意見，卻以為產生佔地情況也應討論，並可分為三大類，各有不同成因，亦應有各種對策。為了行文方便，且讓筆者杜撰如下三個名稱作為討論，是即「空降佔地」、「伸延佔地」和「拾遺佔地」。

空降佔地

這是最原始的佔地方式。當有人貧無立錐之地，自會不顧一切，在山野郊區無人認領的地方，建造茅屋草寮作棲身之所。本港戰後經年，大量難民湧入，紛紛在山邊建造寮屋，這類正是霸佔政府地的典型情況。這種方式等於外來者空降政府土地上，從無根源可說。當年的現象可說特殊，政府亦以人道立場為由，沒有驅趕這些佔地者，而以設立徙置區來解決問題，未及徙置的則採用先行登記等方法，以控制佔地之舉不致惡化，日後凡有擴建

或添置寮屋，則視為犯法。自此以後，雖然還有這類「空降佔地」的情況，但基本上問題已受控，這些登記和徙置措施，不失為解決之道。

這種「空降佔地」方式，不一定為了安身立命、建造家園，有些城居人士，閒暇行山之餘，也在郊野空間闢地作休憩場所，甚或平整地盤、開墾土壤，作為耕作種植的園地。這樣的用地，雖無人永久居留，亦非心存惡念，不過一旦開墾成例，用地作實，則與就地建屋霸地沒有大分別。挖泥動土的後果，可能引致山泥鬆散，危害他人安全，這是不容忽視。但這類佔地數量總不會太多，亦不涉某個人的利益，似宜以教導及取締方式，便可解決問題。

伸延佔地

這類佔地方式最為普遍，而且問題嚴重。情況是這樣的，佔地者實為某屋某地的地主，入住以後，凡見前後左右有空地，便不理會該地的業權自行擴建，霸用了才算。這現象最常見於山邊郊野地方，不單寮屋小宅因居住狹窄而擴大，許多新界或郊區豪宅，更多如此霸地。這類豪宅，本身面積可能已達數千方呎，內有獨立洋房及花園，但仍覬覦周圍空地，擴大花園，甚至築有亭台花圃及溫室泳池等。

　　這些佔地，盡都是定居一點，然後向外伸延，所佔之地自屬政府地為多。看來政府一向疏於處理這類霸佔政府地事宜，以致這類佔地已屬常態，只要實地一看，打開地圖審閱，或是比對一些航空照片，這類佔地自可一目了然。但因為這些行為較少受政府懲罰，令各地段地主爭相佔地，大有「不佔便執輸」之勢。有些屋村型豪宅，向山一方整排地段共有七八間，無一不向外伸延百數十呎，而都止於劃一界線，共用同樣形式的外牆，視佔用這些地為天公地道。當出租或轉賣時，這些伸延得來的土地，當也變成資產，雖然目前於這類買賣事宜，有關法例已較以前嚴謹，地界不易虛構，但佔用政府地的增值遠多於受罰的風險，利益始終歸於買或賣的地主，而政府及納稅人的損失，又有誰理會呢？

　　這類「伸延霸地」在城市中也有類似情況，且非發生於偏僻無人之處，反之常見於通衢大巷、人煙稠密的地方。

　　且看市內各街道門前、橫街小巷，全是商店伸延作擺賣存貨之用。在成行成市賣花賣雜貨的街道，商店把貨物堆塞在行人路上，就算行人側身也難走過，固已見怪不怪；即使彌敦道等大道，很多商店也是如此霸佔公地，幾許商舖門面故意縮入一兩呎，然後高價出租，竟也有人就此設舖，向行人路推出數呎，擴大面積以填補皮費。是即地主與租客早已存心霸佔公地，以共同得益，卻令公眾損失了享用公地的權利。所以這一切市內街邊商

舖，如此經營方式，亦是「伸延佔地」的慣例，理應追究。

　　這樣的「伸延佔地」，政府間中會有處理，最直截了當的，固然是清拆收回土地；但最常見的，則是容許其存在，並以短期租約形式收取費用。這種處理方法，或可解釋為權宜之計，既不欲擾民，政府亦未需急於收回此等土地。但現實卻是，租地並未帶有懲罰性質，正值政府尚要四處覓地建屋之際，卻放過一些被佔的政府地，似乎是過於寬容。

　　是則「伸延佔地」，可說是出於貪念，而不似「空降佔地」般迫於無奈，為了安身立命而犯法，同情分數應大有不同。

拾遺佔地

　　這類佔地，也是以佔用公地為主，亦是由於有人已定居於一地而佔用附近之地，類似「伸延佔地」。但這類「拾遺佔地」的起因卻有不同，破壞程度也有分別，所以可算為另類。

　　這現象應該從政府收地說起，政府要興建道路、治理渠道等，涉及私人地段時，便要徵收某些土地用作施工建設。如是者，政府所需要的土地，非僅是該新路或渠道的位置，還需要較多空地作為臨時工場及掘坑填泥等用途。亦有一些情況是收地要

顧及受影響地段的面積與範圍，避免徵收某一地段之極大部分而使其餘下之小部分作廢，對地主不公，因而索性徵收全個地段，更切合實際。

凡此種種原因，收作道路或其他政府用途之地，面積較完工後實際所需者為多，是難以避免之舉，而非濫收土地。但問題卻出在完工後，這些新建道路的兩旁或是其他建設的周邊便會出現一些空地，這些空地本屬私人地段，但已被徵收作為施工之用，後來丟空而紀錄上仍為公地。這類空地等於政府出資購入土地，但用後即遺棄，是故筆者稱為「遺棄」之地。

這些地早已平整堪用，即使工程過後，仍無損原貌，甚或更為美化，如此空地，自會吸引鄰近地段的地主或居者佔用，等於「拾取」這「遺棄之地」。所以這現象看似與「伸延佔地」無異，但箇中原因及損益程度，應有不同。

若是政府施工後妥善發展這些「遺地」，則鄰人自無從佔用。又若這些「遺地」太瑣碎，發展無從兼且不划算，則讓這些地由得鄰地合併，也許是地盡其利的好出路。政府不妨考慮一個實際及明確的措施來處理這類土地，例如當初徵地時，預計這類土地僅作施工之用，短期（算是兩三年之譜）便可釋放重用，則這些土地可否從私人處租用而非收購，又或者照現行制度徵收土地，但施

工後形成「遺地」的，便回租或回售給鄰地地主，總勝過遺棄土地不理，鄰人重用卻背負霸地之名，如此雙失之局，是否值得檢討，有關當局請不要以小事而忽視之。

　　上述各類佔用公地情況，筆者無能力及資源去量化，但相信數量不少，真的要根查也未必太難，例如「拾遺佔地」一類，應可從徵用土地紀錄及實地上建成的道路渠道等入手，再比對路旁的泊車、安放貨櫃雜物及其他用地情況，自然可得出概念。總之事在人為，整頓被霸佔的公地，政府應該責無旁貸。

Chapter 5

不同的
佔地情況

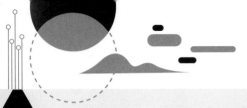

誰是持「牌」佔地人

本文標題的「牌」字，不是指商業牌照的「牌」，而是指盾牌的「牌」。

直覺上，地主必是眼見自己的土地被人佔用，才提出訴訟。地主是主動，而實地上的佔地者便是持「盾」自衛的人。但現實情況卻不一定如此單純，變例實在多樣。首先是地主方面。出擊者很可能不是原地主，而是一個新買家，且多是地產商。原地主可能早已沒有使用其土地，又或是承繼得來，從未親身居住或發展該地。當這原地主留意他的土地時，才發覺土地已有人佔用，由於訴訟需要精神氣力及金錢，個別小地主未必容易採取主動控訴。

市面上卻有不少發展商願意低價收買土地，甘冒被起訴的風險，放手一「博」；原地主或樂於收回少許地價，讓他人代為出擊。在這些情況下，提出收地訴訟的人，往往是新地主，他並非特別與該土地有關，亦不管該地使用的歷史，心態純屬博弈。至於佔地要作申辯者，變數可能更大。

逆
權
佔
地

接力持「牌」

　　一地的地主，必是已在土地註冊處記錄的當前地主。若是土地被人霸佔了，當然是由這地主提出訴訟。其間並無彈性的地方。但是挺身作辯者，卻沒有任何註冊紀錄，顯示佔地者的名字及身份，只是憑他的供詞來推斷為佔地人而已。為了易於辯護，以及引用《時效條例》作盾牌，當佔地者實為一家人，自早一兩代已使用該土地，則佔地者多會回溯最早的歷史，找出上一兩代前的老人家作證。若要尋求法律援助，更會找來沒有入息的老父或老母作為辯方，更為有利。

　　所以每有土地被佔，地主要控告的對象，往往不是當前的年青力壯之輩，而是他們的父母或其他長輩。結果是佔地者等於以接力形式佔用土地，而選擇年資最老、佔用土地最長的家屬成員出面訴訟。有些例子是與訟的長者年事已老，訴訟卻一拖便十年八年，未待案件判決，長者已經過身，要由下一代接「盾」繼續訴訟。總之，地主作為持「矛」的一方，身份必已顯露，無由找替身，但是持「盾」護地的一方，卻有機會選擇誰來代表佔地者，見之於同一家族的情況，由家族各代成員接力辯護，已屬常態。

多人爭佔地，引數學原理

　　逆權佔地的訴訟，本應是一方為佔地者，而另一方為地主，前者認為佔用了土地而符合一切條件，不容後者追討，訴訟絕對是這兩方的對壘。

　　但是現實的情況，不是每宗案件都這麼簡單，許多時候是牽涉多於一佔地者和一名地主的紛爭。原來有些案件是有多於一人出頭認作佔地者，他們既與地主爭訟，聲稱是佔地者之間亦同時相互指控，各自稱為真正的佔地者。如此一來，逆權訴訟便由兩組人士之爭，發展至「三國」甚或是「七國咁亂」。為何出現這多人爭相認作佔地之人？大概可分為三個情況，讓筆者細說如下。

不同時段佔地

　　常理而言，當一名地主得知土地被人佔用時，自會針對當前所見的佔地者，提出訴訟，原意亦預計只有該佔地人抗議。但法律上原來亦會考慮曾經佔用該地的過來人士，於是若有其他人早前曾經長時間佔用同一地段的，亦可以提出抗辯，自命是佔地者

正身。至此則早期佔地者與現時佔地者既面對地主為共同的與訟人，同時亦會互相排斥，各自呈交證據，説是於某不同時段所佔地的情況。

這樣的爭地情況，關鍵在乎某一個體是否連續佔地達法定的時限要求。若是早期佔地者與現時佔地者聯合為一家，一起計算兩者合共佔地的年期，則在時限條件上自然有利；但若各自爭奪而分別計算時段，則佔地者的「實力」自會分弱。但是利之所在，而各佔地者亦無由聯盟，分頭訴訟是難免的。至於地主方面，要同時應付兩人，是更加吃力，抑或是面對互相抵消「實力」的佔地者，適足化為有利條件，則要看實質情況而定了。

這樣的情況，可以借用一項數學概念來分析。數據是由兩位數學家德雷希爾（Melvin Dresher）及弗勒德（Merrill Meeks Flood）於 1950 年首次發表，以神話故事形式介紹，標題是「囚徒困境」（prisoner's dilemma）。

故事是説天使面對兩個犯人，欲加懲罰，但未有充足證據，只好分隔兩人，個別審問。若是兩人都保持沉默，則各人只會獲輕判。若是兩者都招供，則各自受刑均較重。若是一人招供而另一人保持沉默，則招供者可無罪獲釋，而沉默者會被重判。這兩個囚犯的選擇實是個人利益與整個群組利益的衝突。若是兩人都

保持沉默，判罰本輕，但兩人很可能各懷鬼胎，自行招供，希望他人不招供則自己可盡取利益。如是你那麼精時我也不笨，結果必然分別認罪而招來較重刑罰。

○ 表 5.1 「囚徒困境」的情況 ○

犯人乙 ＼ 犯人甲	沉默	招供
沉默	兩人皆輕判	犯人甲無罪獲釋，犯人乙重判
招供	犯人甲重判，犯人乙無罪獲釋	兩人皆重判

這數學理論可用來分析一些不是零和的現象，應用於生物、人文科學等方面的分析。這裡探討的多於一個佔地者的逆權佔地問題，似乎也可算在此列。兩個不同時段的佔地者，若是一個包攬整個佔地時段，作為唯一的佔地者，或會成為唯一勝訴者，獨得全利，而另一佔地者當會一無所有。任何一個佔地者，當不會甘於如此的「成全」他人，而是各自爭取，結果可能「削弱」了共同的利益，也在所不計了。

逆權佔地的變例

　　逆權佔地的訴訟，佔地者應為現況所見在實地上居住或活動之人，但事實上卻可能有許多變例。前文已說過佔地者可能是多於一人。這固是難以置疑的情況，此外更有一些變例比較間接，例子如下。

遙控佔地

　　有些案件顯示實地上耕種居住之人，於收到法庭有關逆權侵佔的起訴書時，茫然不解，事情可能是這樣的。

　　某地地主欲要收回土地，現場有某甲佔用，便視他為佔地者，亦以為他會作出逆權的反索。但某甲卻只表示其使用的土地是租自他人，於是出現了某乙，自命是原佔地者，只不過是早前停止使用而租給某甲，接著聲稱過往何年何日起便已佔用，並舉出佔地的歷史沿革等，聲稱只因種種理由，後期才搬離而租予他人使用等。既然產生逆權訴訟，他才是與訟人。演變下來，某甲依然爭辯自己是獨立的佔地者，而某乙也堅持為原佔地之人，互

相爭奪，亦共同對付地主。正好比三國之爭，是蜀吳聯手拒魏，還是互相也不斷糾纏，局外人更難了解。

這樣的「遙控」佔地，其實與原地主離開土地而沒有居住何異？但這類「遙控」佔地，仍多獲法庭受理，理論上若是這某乙曾經連續佔地超過《時效條例》所訂的年期，則可成為考慮之列。至於現場佔地之某甲，只作為租客，反不屬於訴訟的一方。這樣的「曾經」佔地達《時效條例》所訂年期的情況，應該會產生更多可自認為佔地者的人，因為土地的地主在過去六七十年間，可能從未使用該地，而這六七十年足以有兩個甚至三個時段讓他人佔用。若先有某丙於早期佔用了 20 年，因事離開該地，接著某丁承接著又佔用 20 年，是則某丙與某丁各人都可說「曾經」佔用該地，達《時效條例》的標準。那麼地主是否要分別向某丙和某丁爭回土地呢？

佔地者「另有其人」

據筆者所知，這種多於一個不同時段佔用人出現於同一宗案件的，甚少發生，得以佔用一地而後期又放棄的，終究是少數，而且即使真的有上一段所說的某丙和某丁出現，某丙應等於佔用過土地而後由某丁取代，權益已不如後者，某丙自當難以出頭訴訟。但筆者確見過一個案例，是地主先與現場佔地者訴訟，獲得

逆權佔地

勝訴後，另有人出面證明「曾經」佔地的事實，因而訴訟再起。

共同佔地

引起超過一個人聲稱為逆權佔地者，有一情況是因佔地範圍不明確，又或是佔地的用途有多種款式之故。

最常見是甲乙兩人爭相聲稱佔用了一些通道或空地。甲乙本是各有一屋，但中間夾著空位，各人都以此地出入。沒有紛爭時，自然相容，但若遇到地主收地，影響全體時，甲和乙都自必出面認有佔地，而且不止要求取得各自的屋地，更會進一步索取兩屋中間的通道或空地，如是者便形成兩個或多個佔地者，與地主訴訟之餘，亦同時互相爭利。

在香港舊日的木屋區，木屋棚架內有曲折窄巷穿插其間。在同一地段，有四五夥人雜處其中。太平無事時則各找其安居之所，一旦有地主申訴要收回土地，各人也可能難以說出自己實際的佔用範圍。例如各木屋的分牆可能是東歪西倒，不太明確，共用的廚廁又不能分隔，狹窄的通道亦難說屬誰。凡此種種，都有理說不清。若是所有佔地者聯合作為一個與訟人，則木屋內的分割還可置之不理，但現實情況卻是佔地者多有內部爭拗，各有利益衝突，而同時又向地主抗辯，好比「七國咁亂」。

　　亦有一些情況，是佔用的形式，並非明顯的房屋或完整包圍之地，而是種植或耕耘的方式。甲說地上好些果樹園林，是他手種的，某地面範圍，應算是他的。但是某乙也可能辯稱同一的地面，他亦有耕耘保養，所費氣力更多，甚或拿出安裝水電的證據，證明他才是合理的佔地者。總之，土地的用途確實絕非單一，而土地的範圍，亦無圍網之屬以明顯規範，因而便多此類的佔地申索。

　　曾有些例子是關於池塘附近之地。有人聲稱佔有池塘作養鴨之用，以此為由申索該池塘，這或可理解，但他更聲稱池塘邊的泥濘之地也是鴨子行走的範圍，應一併歸他所有。而鄰居的佔地者卻認定非水浸之地是用作旱地的其他用途，自然加入戰團，一方面與養鴨者爭奪，而另一方面亦與地主訴訟，是為多個佔地者同時爭辯的例子。

　　亦有表面是某甲獨自佔用一地，正在出面與地主訴訟時，有某乙出頭，指稱自己應屬佔地一員，證據是地上的一口井，是早年由他開鑿，實際行使用地之權。該水井本已古舊，隱蔽不露，若非某乙指證找尋，未必容易發現。某乙借此物而聲稱為佔地者，致令訴訟之事，節外生枝。

　　總之，佔地問題，牽涉年月長久，用地方式不同，可能是種植、飼養禽畜，亦可能為休息空地、出入通道，不一定是單屬某家某人，往往產生多方爭認佔地的現象。

反向逆權佔地

　　「逆權佔地」一詞，既有一個「逆」字，應屬負面之意，現再
加上一個反向的「反」字，重複了負面意思，豈非負負得正？若
然，則又何須逆完又反，何不直截了當，就算是正常佔地罷了，
這標題豈非彆扭多餘嗎？

　　筆者採用這標題時，確也有如上思量，但為描述一個頗為「詭
異」的逆權佔地案例，覺得很難避免採用「負負」的形式，是故杜
撰這「逆完又反」的語句。且讓筆者介紹這案例，由讀者判斷這標
題是否合理。

　　事緣有一幅長方形的地段，與其他地段接鄰，可能早年已
被北面的鄰人佔用。該佔地設有鐵網，包圍差不多九成地段，卻
留有一幼條形沿邊的土地作小徑，連接外間的小路，以便佔地者
及他人使用。這樣的用地情況，可借用中文的「個」字來描述：
「個」字右手邊的「固」字，正好代表鐵網內的土地，四周是鐵
網，中心有一寮屋。「個」字左手邊的「人」字，則代表地段的西
面界線，這「人」與「固」字間的空位，正好等於留空了的沿邊土

地，成為通往外間的小徑。「人」字上方的斜撇，正似一道閘門，開通此地與北方鄰地（圖 5.1）。

○ 圖 5.1　佔地與小徑的地段示意圖 ○

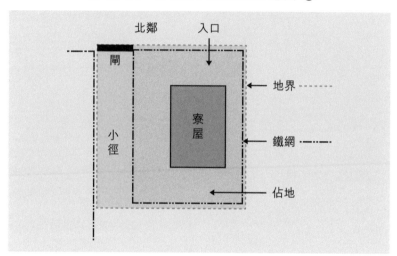

案件的產生，乃由於該地段的地主驚覺地段被人佔用而提出收地，佔地者卻以逆權佔地為由，拒絕交回土地。這情況本來普通不過。問題在於地主著眼之處是整幅地段，等於要追回整個「個」字，但佔地者卻只申索約九成之地，即「個」字中的「固」字，雙方爭議便在於邊緣小徑的取捨問題。

佔地者不承認佔有小徑，自有他的如意算盤，因為小徑一向為多人共用，無須爭取獨有。若佔地者在訴訟得勝，固然無須擔

心失去出入這通道之利；即使訴訟失敗，更可避免要「交回」這小徑的手續，「損失」可說是少了。

至於地主方面，固然想取回整幅地段，但與訟對象應是佔地者一人，而不想應付其他旁人。如佔地者承擔整幅地段的佔用權，則無須分別考慮小徑的問題，勝了訴訟自當欣慰，敗了也不用珍惜區區小徑之地，即使名義上保留為小徑的地主，但實際得物無所用。從地主的角度看，倒不如把圍網之地與小徑之地一併視作被佔用，則申索對象、陳列理由等，更為清楚簡便。

如是者，一幅本來完整的土地，若大部分被人佔用而只留下零碎的餘地不要，對原地主未必有利，這些零碎餘地可能是斜坡敗土，或是通道溝渠，獨立地存在的業權對原地主非但無益無利，更或是煩惱之源，比如有斜坡上的樹倒塌傷人，或是道路維修、通渠除草等，責任與付資，地主照樣要負擔，為何要留此手尾呢？

上述佔地例子並不罕見，地主只想以整幅地段作考慮，佔地者則未必接受此意，結果便產生了這「詭異」的情況，一方想把零碎之地歸納為被佔用，另一方卻推卻不要，爭持之點不在索取而變為推卸，這看似違反常理，若說這是正常的業權，當然不符事實；但若說是逆權佔地，卻也表達不到該爭議的特點。所以筆者惟有杜撰一詞，是為「反向」的「逆權佔地」。

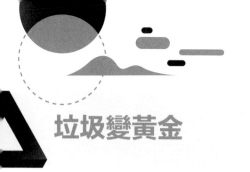

垃圾變黃金

　　試想有人堆積垃圾，從不清理，本是不當的行為，若越積越久，則失當越甚。即使垃圾是堆積在自己的地方，亦引致衛生、觀感等問題，且影響鄰居，實不容於社會。若垃圾是放置在他人之地，惡行豈非更嚴重？這樣的看法，應是常理，放置垃圾之人應受懲罰，也大概是公認的規矩。

　　但現實情況卻似乎與常理相違。在一些逆權佔地的案例，有逆權佔地的申索人，是以擺放物件為藉口，於提供佔地證據時，聲稱地上堆積的物件，已存放超過逆權法例的時限，足以抗辯，拒絕地主收回地權。

　　然而，這類存放的物件，很多時是舊枱爛椅、花盆磚瓦，亦有銅鐵、木材、各式電器等，甚至有汽車外殼、雪櫃之類，其內則放滿雜物，總之是堆疊如山、久置地上之物，又無明確圍欄或標示的範圍。所堆積的位置亦無顧及地界的問題，只不過到得爭辯地權時，卻有人挺身而出自稱物主，聲稱早以如此形式佔用了

若干年，認為符合逆權佔地的時限和條件。這些物件，究其實是有價值的東西，受著管理保養，還是雜項廢物，純屬棄置於地，只要讓人實地視察，以常理分析，已經不用爭辯。若屬後者，則此等物品實為垃圾，本來便不應積存，身為「物主」，早應妥善處理，否則影響衛生環境、治安市容等，諸多不是。

提出這些「垃圾」作為佔地的證據，更致力於說明佔地期限夠長久者，豈非自暴其違法之舉？若竟因此成功索地，則「物主」更是一舉數得，包括省卻棄置廢物的費用、避過法律檢控，更可獲得寶貴的土地，本來屬於負值的垃圾，反變出價值不菲的土地，這何止點鐵成金，簡直是變垃圾成金。

堆積廢物在他人地方而作為佔地證據者，不局限於廢物所放置的面積。有一些案例是，申索佔地者以雜物放置成條狀，圍著一片大面積的土地，利用這些雜物作邊界，聲稱界內之地都屬逆權佔地的範圍。這樣借用雜物的情況，更把「垃圾變黃金」的手法進一步提升，佔地更多，實是神奇至極。

故意堆積雜物或因利乘便地利用雜物作為佔地的證據，分別本也不大，都是甘冒棄置垃圾的污名，心圖僥倖，不再理會道德規範，試行鑽法律的空隙，若垃圾也變成有效的證據，何異於狗隻霸地盤？好些野狗或未經訓練的犬隻，牠們往往隨處撒尿，尤

以狗隻初到新環境更是如此，這種行為原來並非隨意的惡習，而是有意霸佔地頭作己用。狗隻靠著便溺氣味，向其他狗隻宣示請勿侵佔之意，豈非與佔地者放置雜物的行為相似？

逆權佔地起疑團

　　筆者自揣愚魯，從事土地測量幾十年，見盡數千宗地界紛爭的個案，仍覺許多典型的爭地例子中有不解之處，在這裡逐一與讀者討論。

　　先來描寫一個典型的爭地例子。一處偏遠的矮山地帶，原本是連綿相接的細碎耕地，約近 100 塊，總面積為 2 公頃（大約等於八個大足球場）。至上世紀後期，這些耕地盡皆棄置，全為野草覆蓋，而政府亦規劃之為綠化區。2000 年間，整幅土地被一公司收購，但無開發使用，再後 10 年間，地上部分草木陸續被人鏟除，成為泥路及光禿之地，接著泥路越多越闊，而空地則漸漸堆積沙泥廢物。直至近年，買入此地的公司難耐這情況，意圖收回土地，實地視察時，竟發現該地豎立一塊建築公司的招牌，遂以此公司作訴訟對象，發信要求公司負責人清除堆放之物。到此階段，卻有另一人挺身而出，自稱是佔地者，已於該地開發十多二十年，超越了逆權佔地的時限，而所有地面事物都是他的租客所擺放，無損他作為佔地者的身份，所以他才是與訟人。

逆
權
佔
地

　　故事看來絕不複雜，也不單發生於一地，如此訴訟常見於現時香港。若純按法例考慮，可能見怪不怪，習非成是；但若從事件的根源查究，則難免有可疑之處，值得探討。

　　這類案例的第一疑點，乃是土地既已規劃為綠化區，為何還有轉手的情況？按理此地連耕種也已停止，再無任何發展可言，原地主自當清楚該地用途的局限，買地者更應了解，而新地主容許該地繼續生草，可見各人都熟知此理，仍有人買賣此地，實在難明其故。

　　第二個疑點是現場佔地者的身份，該地既然豎立招牌，無疑是用地者，隨後卻表明只為租客，是向另一人租用。問題是承租者於交易之時，為何沒有弄清楚出租人的身份而願意租用？按照常理，租用一地一物，必然是向物主租用，汽車如是、樓房如是，即使是租用單車、電器等，也必然由物主出租，交付與承租者，而承租土地這麼重要的事項，竟然不查究出租者的身份便即交易？租地過程中究竟有否租約？若有，則租約上的簽押有否顯示地主身份，實也成疑。看來現今的土地運作方面，確有兒戲化的一面，與本港的地價貴絕全球的現象，形成強烈而怪異的對比。

倘租地者一早弄清楚地主的身份，若不是親自見到地主便拒絕交易，則現今的情況也不會發生。這便回歸「逆權管有」的原意，即某甲拋空了土地，由某乙佔用，盡其地利，因而可判定土地歸乙，這固有其理由。但現今香港的情況，卻牽涉第三者某丙，他既非地主，亦非投放氣力發展，卻近乎坐享其成，從中取利，若非租地者不理會地權而隨便承租，則某丙的取利亦不會這麼容易，如此輕率確令人訝異。

第三個疑團乃是為何佔地者不惜自揭瘡疤，表明在綠化地區闢地載物，也要爭取土地？須知此地既不容發展，除草開路已屬違法，但竟以此為藉口證明自己逆權佔地，是否自信確有道理呢？然而，這樣的心態十分普遍，有不少案例是佔地者自認違例建築，甚至自認佔地作為「天文台」（即瞭望站，為建築物內的非法聚賭場所作預警），造成這樣的心態，是否已經偏離「逆權管有」的概念，抑或司法制度有所縱容所致？看來這是現今香港的畸形現象，並非單一理由可解釋。

逆權佔地

守門不知門範圍

　　身為守龍門的門將,他的職責是拼命守護龍門,不讓皮球進入。但假若他竟弄不清楚龍門範圍何在,自行認定的龍門範圍,可能不符合龍門本體,以致連越門的球也去撲救,又或可能讓開一部分龍門不理,則球隊輸波責怪門將也是合理之舉。

　　這樣的烏龍守門員,或許不會在球場出現,但是類似的現象,卻常發生於地界問題。

　　地界並非必然是地上實物,可以一看便知。而令這問題更複雜的是因逆權佔地之故。一般佔地者並不會考慮地界的位置,只會於適用的地方,蓋建房屋,進行耕種,隨意擴展,就地勢而居,佔空檔盡用。一旦到了地主得知土地被佔用,採取收地行動,才引起地界之辨,佔地者或地主都須要弄清界線問題。而法庭亦會要求以測量圖作根據,方便受理訴訟。

　　這樣的逆權佔地之爭,存在一個基本矛盾。面對訴訟,佔地者自然據地自保,不許地主入內視察,更遑論讓他委託的測量師

入內測量；地主不能隨意走動，則很難辨認地界，確定被佔的情況。

實情便演變為佔地者自行找測量師，測定他所佔的範圍。一切屋宇、田地、圍網等等，都精細地繪畫，但地界究竟是否符合佔地，卻無從分析。另一方面，地主亦會找一個獨立的測量師，試行繪畫地界，但因得不到佔地者的合作，只能從外圍測度，分析很難詳盡。若要觀察佔地與地權的整體關係，必須雙方互為配合，才可得全貌，但是佔地者與地主正處於敵對狀態，要雙方交談合作，談何容易。這豈非等於地主是龍門的擁有者，本可確認龍門的位置和大小，但礙於龍門為他人所佔，不許埋門量度。而另一方面，守門者雖能身在門中，但只知守護遮擋來球，卻無從量度龍門，這就是守門員與龍門擁有者矛盾的地方。

現今凡有逆權佔地的訴訟時，法庭多會頒令，諭兩方的測量師進行一次聯測，這不失為一個解決上述矛盾的方法，但實行上，還須雙方來回磋商，遷就時間，商定測量的活動範圍。費時失事，還是難免的。

更難堪的是佔地者誤以為是佔用了「甲」地，提出逆權佔地的要求，而經過測量後，才知道同時還侵佔了「乙」地。又或是相反的情況，佔地者根本弄錯了地段，找錯了地主作申索對象，等於

守衞著某人的龍門，而竟發信給另一個人作申索目標。

　　一般的逆權佔地案件，待至法庭審結完畢，若是佔地者勝訴，獲判取得所佔之地，但矛盾還未完結。因為在大部分的佔地案件，所佔之地不是地段的一整幅，而只是地段的一部分。隨後的程序是要把這佔用部分，從整個地段分割出來，作為原地段的新分小段。浮現的問題是佔地者自當急須分地，但法律上仍須由原來整幅地段的地主進行分割事宜，由地主聘請測量師繪畫分地圖，由地主簽字註冊。但地主既已輸了訴訟，喪失土地，哪還有意欲支付測量費，勞心勞神去註冊土地。「賠錢送賊」，當無如此道理。所以，逆權佔地訴訟審結而判了佔地者得直後，每每還有爭拗的餘波。門將與龍門的糾紛，確是複雜的。

馬隨車後

英文成語「put the cart before the horse」，翻譯後就是標題的「馬隨車後」。這英文成語，本意是指某一工序的安排，顛倒先後，難以成事，中文的「本末倒置」，或許近似。

這為什麼與測量有關呢？是因筆者工作期間，接觸到不少法庭的裁決案例，需要測量跟進，協助案中的與訟人取回應得的土地。但當著手測量之時，卻發覺這樣裁決先行，而測量跟進，實是有違工序的安排，出現了很多矛盾的現象，正似把一輛正常馬拉車的裝置顛倒安放，讓車輛在前而馬匹在後，沒法前進一般。要說明這現象，請看兩宗實例。

圖界與現場用地不符

有一長方形的地段，有人佔用了一部分多年，獲判逆權佔地得直。但判詞沿用地段的號數作描述，等於裁定該整體地段屬於佔地者。實情是該地段近角之處有一泥車路貫穿其間，把地段的一角分隔為另一區域，屬他人所佔（圖5.2）。其形勢就像愛爾

蘭國之佔用了大半個愛爾蘭島，餘下一角為英屬的北愛。現在判案時既無可靠的測量圖作根據，就說整個地段（即比喻中的愛爾蘭島）都屬同一人。要執行這裁決，自當有問題。原因是現場佔地與地段界線不一定相符，忽略了這點而以地段號數作裁決的單位，便是問題之源。所以應先測量，然後裁決才是應有之序。

○ 圖 5.2　地段示意圖 ○

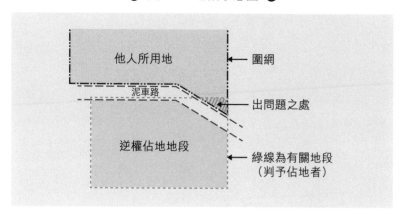

本意是地界還是屋界

另一案例是某甲佔用了一幅土地，貼邊是鄰舍的一間完整的屋。訴訟完結後，某甲獲判勝訴，獲得所佔之地，法庭並採用了一紙地圖以顏色顯示該地及其面積。接下來便要找測量師按裁決去收地。這時所得的準確測量結果，顯示該地貼鄰的屋宇和法庭

採用的圖則相比較，位置上稍有半米的誤差。這即是説，根據裁決的界線，收地應入侵該屋宇的半米，這應當不是裁決的本意。但若按理不驚動這鄰屋，則收地便會稍小，有違裁決所聲明的面積，造成兩難的局面。

問題是很明顯的。當初判案時，沒有人提供準確的測量圖作考慮，只根據一紙非恰當的圖則便用作畫線和計面積等用。如是者，圖則不符所需的質素，卻獲賦予法律的權威，這矛盾的情況，待至裁決後要在實際執行時才顯露，卻為時已晚了。

合理的次序是預計圖則將會用作重要裁決時，應先準確測量該地。否則正等於安置車輛於馬前，進退無從。結論是：

馬隨車後失功能，次序不宜亂變更。

若沒測量先定界，法庭裁決亦難行。

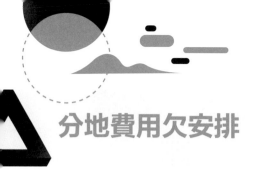

分地費用欠安排

逆權佔地的案件似乎長審長有，據過往紀錄，地主與佔地者得直的比例大約是一半一半。若地主勝訴，法庭判定他可得回土地，即佔地者須搬出，事情自當了結；但若是佔地者勝訴，卻還有手尾相隨，問題並未即時了結。原來根據法庭判決，佔地者勝訴後應可獲得土地，若所佔之地是一整幅地段，便應經由註冊手續，正式從地主轉移給佔地者，問題比較簡單。但許多情況是所佔之地僅是地段一部分，於是便產生分地問題。

按法例第 473 章《土地測量條例》，凡地段之分割必要經由認可土地測量師代辦，當然亦要有律師主理，當中必會涉及一些費用。地主既已失地，若再要負擔分地費用，豈非賠錢送賊，雙重損失？然而法庭的判決，基本上都只會判定誰人可得土地，少有更進一步指示分地安排，更不會兼理分地費用的攤分。地主既已失地，自無動機再來負起分地責任，甚至是佔地者為了一己利益願意承擔費用，也未必獲得地主配合。然而分地之權應屬於地主，正式工序應由土地測量師從頭測定整幅地段，然後依據法庭

判決分出一新地段，這必須地主同意才可成事，故判決後問題未完結。

地主不甘費錢費力分地，是可以理解的，特別是一些並非由地主提出而是由佔地者發動的訴訟。地主當初既不知地段被人侵佔，亦非主動提出收回，事件純由佔地者引起，地主只是被迫抗辯，是則輸了訴訟之餘，怎肯再賠錢測量呢！

這樣的逆權佔地，還要貼上費用跟進，卻也說明土地永久及不動產的特性。試想若非不能移動，土地是可以一如汽車貨物等由一手遞交一手，讓人擁有並藏於夾萬，何來需要分割註冊？現今判決了土地誰屬之餘，還要地主續後跟進，而這類物品出廠時每每有所謂「出世紙」跟隨，豈非等於有人失了名錶珠寶，不容追究也罷了，還需要失主奉上「出世紙」給新主呢！

無怪有些逆權佔地的案例，似乎並無分地測量的跟進工序，看來是與訟雙方都沒有即時考慮及此，亦有可能待日後轉售土地，有需要再來補做，主要還看地主方面。地主敗訴後，基本上地塊面積縮小已成定局，測量遲與早也無分別，但等待至轉賣才來測量，感覺上可能較易接受。

　　法庭裁決民事訴訟，多有就費用分擔問題作出指示，甚至與訟雙方未必即時接受而互相爭議，法庭亦會再加審視。逆權佔地的案件，有關人士等應否把分地費用一併包括於考慮之列，尤其是有法援背景的，更應於申請法援時及早提出這可能的支出，則案件裁決後，可更順利執行後續的分地了。

一株紅杏出牆來

　　讀報見到有一段小新聞,未必有許多人注意,是為一宗越界的訴訟(案件編號:HCA1989/2015)。大概是說市內有一棟獨立屋的地主,不滿鄰居在兩屋的分牆放置了六盆高約1米的植物,經由測量師證實這些植物「越界」18厘米,侵佔其空間,因而入稟高院,要求清除這「越界」的事物。

　　看來這事主曾經發出律師信,不得要領,而且所牽涉的事物,可能不僅是植物這麼簡單,但報道並沒有這方面的詳情,而這個別案例也不是本文的重心。只不過這植物「越界」18厘米的標題,卻與地界有關,引起筆者的興趣,值得討論,且來與大家閒談一下。

　　市內的地段,若是經過現代的測量,應屬準確,其界線紀錄必是以毫米表達,應用於最高水準的樓宇建設,也可以滿足要求。但即使如此,這毫米的精準度,仍不算是絕對的,若是以極嚴格的數學標準來分析,則地界的位置,很難說是真的準確至毫米。若是某一地界的原位曾有精確的記號埋放地上,日久遭毀掉

或封蓋了，再行重測，畫出新記號，則這新記號很難保證與原位符合至毫米。實際上，誤差幾厘米也可算是合格，在建築上的要求，亦應屬無礙的。

但是「越界」的事物若只屬於臨時性的，又或是不顯著的，應否執著「越界」與否，則當另議。就以植物而言，若是盆栽，則牽涉盆缸的擺放問題，這應屬臨時性質，以測量地界方式來確定這些事物「越界」的程度，是否有此需要，大可商榷，怎知測量時事物的位置，與測量前或測量後是否有變。若植物是種地的，則植物的枝幹尚可目測，但植物還有根芽在地底伸延，這卻非從表面可見，而且必是參差不齊，何者合乎本位，何者越界，難弄個明白，更遑論地界之難以覆核至毫釐的精度。即使以測量佐證，須附加一些「寬容」態度才合理。

至於植物會不斷生長，以致「一株紅杏出牆來」，固是自然生態，更不要說「風吹草動」，植物的枝葉搖擺不定，易成「越界」之舉，甚至在枝葉沒有「越界」的情況下，落花敗葉也可能飄散過界。若鄰居是和睦相處，而且能夠以寫意的心情看待這些「隔牆花」，可能欣賞這落紅片片，來個「紅葉題詩」。但是現實的城居環境，生活逼人，一般鄰居怎會接受這類的「越界」事物？視之為滋擾倒是常態。

其實除了植物以外，還有鄰居的篷蓋、水管、冷氣機、晾衫架等，也都可能「越界」。筆者曾接到有人求助，測量鄰居裝修期間的竹枝棚架的「越界」尺寸。這些均是本文所討論的臨時事物，都屬零碎及短期的東西，與其説是「越界」，倒不如説是滋擾，應以自律及寬容的態度解決問題。提升至毫釐精準的地界測量作為爭拗的基礎，應該不是必然的選擇吧！

豪門氣派，陋室情懷

　　2016 年，港島東丫背村寮屋變豪宅一事，經傳媒報道，政府跟進，成為熱門新聞 [1]。

　　這宗新聞基本上代表了本港許多類似的土地發展，過程不外是早有寮屋興建在荒僻的政府地，本屬違法。但基於人道立場、歷史原因，寮屋便在特定條件下容許暫用，待日後徙置其居民，然後清拆。這樣的安排，實際表明這寮屋是違例存在，屬臨時性質，始終要回復寮屋所在地的自然原貌。

　　若是所有香港人都有這共識，而又遵守這臨時居所最終須保持自然原貌之意，則東丫背村之事並不會發生。然而，現實卻是有人看中寮屋周圍的自然環境，竟願意斥資買下，更大興土木伸延面積，改裝為豪宅。這種做法，實則反映一項矛盾的心態：一則想享受大自然山水，遠離市區煩囂的生活；但另一方面，又不欲放棄舒適的科技享受，要把空調美食帶到這偏遠的居所。

　　這類買屋、霸地、改建之舉，可能是本港慣見之事。若是沒

有人發現，違規者可能還自覺沒有不妥，又或被捉個正著，也只自歎倒楣，漸漸習非成是，這才值得討論。其實要是真心貼近自然，便應有「悠然見南山」的情懷，安居郊野，開門納景，而不是隔著玻璃，處身冷氣之中來看山色。同樣地，居於這種郊區環境，難免有蟲鳥的滋擾、沙石的不便，這種種都該是居者應有的心理準備，不宜引入太多人為設施來改變環境。

若是真心關愛自然，便應投入環境，享受所有自然情況，不要害怕青苔濕滑，不懼蔓草滋生，反要欣賞「苔痕上階綠，草色入簾青」，才是應有的態度。

筆者不是要唱高調要求容忍郊區不舒適的條件，只是提議不應帶入太多市區建築設施到該處。寮屋自是不同市區，要想過寧靜的自然生活，就要接受天然環境，喜歡蟲鳥弄人、清風襲面，才會融入於此。若是沒有這心理準備，既沒有人迫著他去，何必要與自然鬥氣，自行投身於寮屋，然後又改造為豪宅？這不能視為個人選項，實則是牴觸自然兼違反法例，何苦來由。

試看其他國家，霸佔公地、破壞自然的情況遠較本港為少，例如加拿大、澳洲等地。當地居民喜歡郊野風味的，都不求大興土木，而是涉水攀山，順應環境作樂；許多屋苑更不設圍欄，讓兒童容易出入。或曰，這樣比喻並不恰當，香港地小人多，治安

情況也不同，難以相提並論。但是，本港不少人如此霸佔門前土地，明知不屬自己所有，還要豎立圍網，存心不讓外人使用。這類情況便非「地小人多」所可掩飾。

說到底，這類寮屋變豪宅，還是心態問題。寮屋之有人購買，其價值之處，應在於它周圍的山水樹木、花鳥蟲魚。即使身處寮屋之內，也要有迎接戶外風景、引入周遭花草氣息的心態，圍欄不全、牆頭崩缺，仍當樂得自嘲，想像著「紅塵不向門前惹，綠樹偏宜屋角遮，青山正補牆頭缺」，這才是村居得宜的態度。總之，入住寮屋，最重要順應環境，融入自然，而不是霸佔土地、包攬花草樹木，是則必不用大興土木，不會產生目前屋主與政府雙輸的局面。

1　〈東丫背寮屋所霸官地圍封 石澳僭建 6000 呎大宅被接收〉，《明報》，2016 年 12 月 20 日。

認錯土地發錯牌

　　1995年，高等法院判決了一宗地界訴訟案件（HCA 7140/1995）[2]，頗值一提。案情大致是關於一條中區街巷中一花檔，申請逆權佔地，抗衡地主的收地申請。

　　這街巷本是某私人地段的一部分，但已作為公眾的通道。早年有人在這街巷設小檔謀生，初為裁衣手作，後來人事及作業都有變遷，直至近年變為賣花行業。這小攤檔早年申請小販牌照，竟獲發牌，不知是政府忽略了這是私人地段之故，還是另有原因，這樣批出牌照，伏下爭地的潛在原因。

　　如是者過渡至上世紀九十年代，私人地段的地主發覺這小攤檔侵佔了私人土地，遂採取行動，要求攤檔他遷。但攤檔以保有牌照為由，拒絕所請。而於地主提出訴訟時，政府可能了解到這地段為私人地段，再也不續發這攤檔的牌照，至此政府可說是置身事外，而地主與檔主便爭持下去，以致訴訟纏繞十多二十年，至2015年才判決。

忽略相關私有地段

如此政府批出小販牌照給某人，而牌照經營之地實乃他人私有地段的情況，並不罕見。除了上述案例，筆者的測量生涯中亦有參與另一類似案例，二者都是政府忽略了有關土地為私有地段，便發牌給第三者，直至事發而衍生土地爭拗時，即拒絕續牌，再不理會私有地段地主與佔地者的訴訟事宜。

兩宗訴訟的結果，都是私人地段的地主獲判得直，這亦可能是在常理之中，但卻不是本文的要點。筆者所要討論的卻是政府在這些案例之中所做的是否恰當，所扮演的角色又應如何定位。

首先，政府發出小販牌照時，應是在政府土地上經營，若是落在私人地段內，牌照持有人則應是私人地段的地主或是地主所認許之人。上文所述的案例卻不是如此，觀乎地主提出訴訟，要求攤檔他遷，可見地主事先並無允許牌照持有人在該地經營的，是則政府早便疏忽於求證地權所屬此重要事項。

其次，政府於訴訟發生之時，只執行取消牌照這措施而不跟進其他，可說是責任未清，這方面可以從土地「交吉」方面來討論。須知政府批出土地，必是交吉。同樣地，政府收回土地也須要清除地上違例的事物。文首所述的案例，地上的攤檔留存，所

變的只是取消了牌照。這等同政府誤發牌照，導致攤檔出現，而於發覺行政有誤時，卻不清除該攤檔，把土地交吉歸還地主。誰先失誤，誰無跟尾，彰彰甚明。政府如此欠缺責任感，實難解釋。

政府這樣的不續牌照，就此抽身不理，不但是推卸責任，更不可算是停止侵犯私人權益，因此舉其實比繼續發牌，損害地權更大。須知政府誤認私人土地為官地而發出牌照，實等於政府霸了私人土地而轉租予他人。

若以逆權佔地而言，乃是政府無意中扮演了逆權佔地的角色，攤檔主人則因有交牌照費，不能算作霸地，政府當然只是行政失誤，絕無霸地的動機。是則繼續錯下去，最差的情況只是地主損失一些可使用的土地，但地權上實未喪失土地。

但是政府中途抽身離去，卻又讓攤檔延續佔地，則檔主可省回牌費之餘，更可取代政府成為霸地之人，日後便可申請逆權佔地，致令地主損失更大，所以政府只是停止續牌而不跟進交回「吉地」，實是累人累物。

本文的花檔案件，若是提升至國際事件為例，則該逆權佔地的訴訟，正似中日爭拗的釣魚台。此地當初本屬中國，但中途有美國主理國際大事，編收釣魚台給日本，中國不承認此事，而美

國因此表示中立，但無行動更正日本霸佔這事實。如此一來，中國豈非是等於案中的私人地段地主，美國是香港政府，而日本便是檔主嗎？始作俑者引起誤用土地在先，豈能有事當前即置身事外，讓他人自行訴訟，甚至兵戎相見呢？

2　高等法院 1995 年「HCA 7140/1995」一案的英文判案書可參考 https:// legalref.judiciary.hk/lrs/common/search/search_result_detail_frame. jsp?DIS=99213&QS=%2B&TP=JU。

從堵塞鳳凰徑說起

　　曾有一新聞是有關郊野公園內的鳳凰徑被堵，此事暴露了通行權一向被忽視的現象。在未有業權人士以封路的行動標示所擁有土地業權之前，大眾多不重視弄清權利的重要性。

　　許多行山者，只知見路便走，習以為常，從不思考是否有通行權。常見有些遠足人士，在走近村落地方，沿小路前行，應走村前的泥路，但可能為了舒適或乾淨之故，改道穿越村內的石地堂，免卻涉足泥濘，弄污鞋襪。如此的行走路線，其實可能已是侵入了私人土地。

　　這類步行越界，可能問題不大。但新界地區許多車路，亦是穿越私人土地的，一般的地主，都抱著利己利人之心，多會容忍這類的交通情況，而實質亦相等於交換利益。因為整條車路，可能穿越許多私人地段，一旦有某一地主再不容許他人通過，則其他地主必然競相效尤，結果自會是全路不通。但各地主保持這種默契精神時，則同時亦難以阻止外界車輛進入。當地地主本未甘心於此放任使用的方式，所以在許多新界小路，遇有外來車輛使

用時，會有村民投以敵視目光。亦有許多近村的路口，豎有不許外來車輛進入的警告路牌。至於要想停車，則更加休提，就算不遭攔阻，亦當會被指責。

私人土地被他人慣用作為通路，到地主不能忍受時，採取堵塞行動，看似是不教而誅，但仍可以理解。最不應該的卻是道路原本真的屬於公眾，但就地居民，卻視之為己有，非但擅用作私人通路，更公然加設障礙物，阻止他人使用。這樣喧賓奪主的行為，就太不應該了。

這樣的情形絕不罕見，新界的地界不清，佔地者容易欺人不知，自號為主，他人未必能夠指出其非，誰會查證及測量，與他爭拗。有之亦必是與他共用通路的鄰近人士，遇有堵路的情況，當會引起爭執，小者或會私自協商，和平解決，大者多會延聘土地測量師辨界認地，然後訴之於法，求庭上解決。

奇怪的是，在市區之內，竟也有公然佔用政府道路，設置起動橫閘，由管理員把守，查核進出的汽車才開閘放行，欺世盜地，實以此為甚。情形是這樣的，有某一屋苑，從大路轉入，經一小段支路，才到達屋苑範圍，再進便屬於私有的土地，此屋苑於正確的地段入口處，建有看更亭及橫閘，但卻於此閘對外數十米處，再設一相似的閘口，此地已遠離屋苑地界，屬公眾路段。

然而此情況卻運作多時，外界車輛要進入屋苑時，便被截停兩次，退出時亦如是，煩瑣不堪，費時之極，一般探訪該屋苑的車客，又怎會想像到該閘是設於公眾路上的呢？

通行權每每產生許多問題，較之地段界線實不遑多讓。

公眾權益，何處伸張

　　通行權的重要，自應不言而喻，它好比管路的流通，電流的供應，當它運作無間時，或不自覺，一旦發生阻塞，整個社區必受影響。私人起居出入，果真發生通道受阻時，當不能忍耐，爭執訴訟隨之而起，沒有人能夠接受有居住權而無通行權的情況。

　　但公眾的通行權又如何？許多「掘頭路」被私人擅用作停車或置物之用，欺負市民不知情況，安然盜用公產，即使市民心有懷疑，但因並非直接受影響，亦會隱忍而不告發。

　　除卻「掘頭路」外，許多通衢大道，其實亦有私自佔用的現象，且看市內許多街道，兩旁的店舖，哪一家不是侵佔店外幾方呎，作為擺放貨物之用。有些店舖地主，早已盤算著利用路旁地方，出租僅數方呎的向街面積，卻收取可觀租金，租用者也裝修舖面，伸延至近半行人路，以抵回租值。常見整條街道兩側，都是凸出的貨箱，迫得行人走在行車路上，與車爭路，凡此種種，實是一般納稅人的損失，繳納了稅款，卻享受不到應有的通行權。

　　更有甚者，市區內的屋宇本是留有後巷，這些小巷，早年是僅闊 6 呎，後期才擴闊為 10 呎，多在城市規劃上訂明。每當舊樓重建時，其靠後巷部分要縮回 2 呎，小巷的另一面的舊樓亦是同樣的後縮 2 呎，加起來便達到為小巷增闊 4 呎的目的，此舉本是認為 6 呎小巷不足作倒垃圾及緊急通道之用，因而要加闊。但今時今日，看這些後巷，有哪條是暢通無雜物的，不用說好些臨時堆放的籮箱器皿，甚至是永久的木屋床架，鐵籠爐灶，亦舉目皆是，要穿越這些後巷，根本就十分困難。當初要增加這些巷闊的用意，實在是白費，若是考慮到闢闊後巷時，須動用公帑補地賠償，則納稅人的權益更可說是毫無保障。

　　本港的制度是沒有明確訂定市區內公用道路界線，只是訂定所有批予私人的地段界線，餘下的便是公用地。這制度本亦無可厚非，但所欠的卻是執行地界不力，容忍上述的種種佔用公地現象，習非成是，再無公用通道的概念。

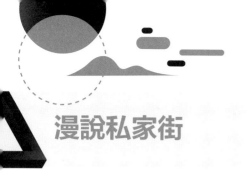

漫說私家街

　　有報道指，港府停止收回私家街，令居民陷入絕境。據說政府 30 年前推出的「私家街收回計劃」，原擬收回 166 條街道，但這 30 年來僅收回 70 條，其餘近百條則因為種種緣故而不考慮收回，至今更決定終止計劃[3]。

　　私家街的存在，以及政府收回與否，未必廣為市民留意，而引申的問題亦只有相關人士才會有深切體會。然而，其實這問題頗為複雜，牽連亦大，值得大家討論。

　　首先要論述的，當然是私家街的由來。這要從早年的批地發展說起。在市區發展初期，政府於填海或開山得來的土地，於紙上作出規劃，顯示出街道樓房的位置，但於實地建造道路渠管之前，須先進行賣地，而賣地條款指明，投地者須負責興建該地段面前擬定的道路。

　　由於規劃中的道路兩旁都預計是興建樓房，所以每邊樓房所要負擔的道路建設只有半邊。若每一邊樓房是劃分成排狀，成為

多個地段，分開批賣，則每一地段只須負責該地段對開的半邊道路。如此一來，便往往出現某些地段先行發展，亦因而修築了一半道路，任由另一半路擱置經年，待另一排樓房發展，才完成整條道路。因此，於建造道路未全部完成、政府尚未驗收之前，有關道路很可能停留在私家街的階段。當年觀塘及部分地區的發展過程，就有這類現象。

遍佈全港各區

這種分段或分半建築道路，也只產生過渡性的私家街。另有一類跨越多座樓房街道的整幅發展，則或會產生永久性的私家街。這類發展多是由同一發展商獲得一幅大型地段，自行設計樓房分佈及道路，經由政府批准，因而建成樓宇，包括中間的道路。這種形式的私家街，全港都有不少，大型的包括錦綉花園、康樂園、愉景灣等。

這些大型屋宇雖是分座甚或是分層出售，卻仍然由同一大地主管理，收足管理費，而且出入口只有一兩個，並設有閘口，沒有外人進出，保留為私家街的狀態，自然沒有什麼問題。

有些屋苑，初期同樣建成多座樓房，中間包括有道路，但不同之處是這些道路與屋苑外的政府道路緊接連繫，便難保持私家街的身份。

　　例如佐敦道旁的文華新村，其中的道路一早已與政府道路貫通，未嘗被視為私家街。這類街道多已交給政府，改為公眾道路。港島寶翠園又是另一例子，當寶翠園落成之時，內裡的通道本為私家街，但卻接通公眾大路，任何人車都可通行。一般使用者習慣了，便會忽略它的私家街地位。

　　然而，上述各種情況，其一是本為私家街的，交給政府收回，自然再無問題。其二是保持道路為私家但作為大型屋苑的一部分，由管理公司看管，這亦不會產生問題。

　　即使這些道路已經開放給外人使用，也只算是外人可享有通行權，而道路的業權仍屬於該屋苑地主共有。惟文首引述新聞提及的，卻是另一類私家街，也是最有問題之一種。

　　私家街類別之一，來自一大幅土地整體發展並於各樓各座分別拆售後，再無大地主統一管理，這是最差劣的情況。樓座之間的道路既不屬於任何一人，亦無管理公司負責，同時政府亦不過問。這樣的街道自然引來許多人士佔用，卻沒有人肯負責保養，結果必然百病叢生。

　　最明顯的問題當是霸佔道路。車輛維修、泊佔使用，已是常見，其他雜物堆積、貨品起卸、人車爭路、管線交加等，也屬尋常。引起的問題豈只是交通、衛生、安全和市容等，遇上水火

天災，救援亦倍加困難，消防車、救護車等固然難以通過，事發地點也未必容易描述。至於事後責任問題、保險有否受理也成疑問，例如車禍是發生於私家街內，保險公司或會「另眼相看」，未必如常地處理。

現時政府已停止收回私家街的措施。這一來，餘下的私家街，只會繼續淪為車房存放雜物的地方，終究難以改善這社會問題。

與私家街性質類似的，還有後巷和斜坡。排屋與排屋面前相距寬闊之處便是街道，這些街道可以是公有道路，亦可以是私家街。同樣，排屋與排屋背後狹窄相距之處就是後巷，這也可以分為是公眾或是私人的，這些後巷即使是公眾的，也大多為人所佔用，有些會架設支架木屋作居住，也有些作小販營商或理髮店。最常見的是就近食店或其他商舖，從它們後門伸延出來，作洗碗煮食、鋸鐵鎅木等作業，公然用作工場運作的一部分。至於私家後巷，則更不用說盡為人所佔用。

3　〈當局 30 年僅收回 70 條街〉，《蘋果日報》，2017 年 11 月 24 日。

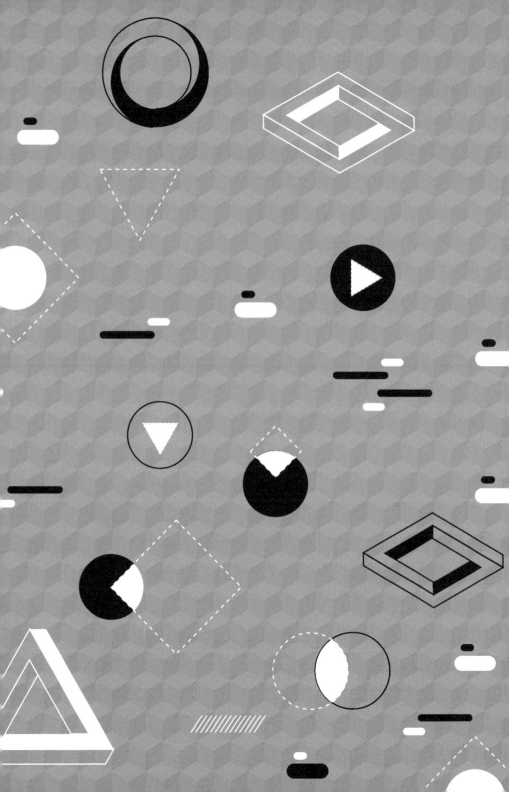

Chapter 6

立體的
佔地形式

立體業權是不可分割的股權

在談及立體的佔地前，我們要先認識什麼是立體的業權。

人類有紀錄的幾千年歷史中，絕大部分都是以地面為起居生活的依據，即使古時也有多層的樓房建設，但從未考慮分層擁有，以空間為劃分業權的單位。土地的轉讓（包括以武力強佔）也以平地面積作考慮，在人類發明飛機之前，自然無人可凌空侵佔他人的上空；同樣，在地底城市或地下鐵道興建之前，無人會與他人分層使用同一地域，所以土地業權只會以平面形式界定，沒有立體分割的概念。

現代的建築形式五花八門，高度固然可達好幾百米以至過千米，上下伸展不限於垂直方向，往日只見大廈屋角周邊是垂直線條的，現今已不再屬必然，許多大廈故意建成傾斜之狀，亦有螺旋形曲折地上延，更有中空斷隙，旁伸橫出，種種挑戰想像力的形式，所在多有。而現代的生活需要，單純以平面界線分辨一地業權已不足夠，莫說高空的飛機飛越私有地段無須取得該地段業權人士許可，其他許多架空電纜、地底管道等，也自有理由穿越

私人地段。事實上這樣利用土地亦符合社會整體利益，已是現代恆常狀況。

　　且看一幅典型多層大廈的地界紀錄。大廈所建成之地當有一個地段號數，例如香港內地段第某百號，地契內自有一紙地界圖，載有長闊尺寸及面積，大廈內每一住宅單位都各有圖則顯示樓層及單位號數，各業主所擁有的是他所居住單位的佔有權，以及該地段的一些不可分割的股份（圖6.1），這是最簡單的物業權的描述，其他的公用設施、巷道通行權等，且不細表。

O 圖 6.1　大廈業權的概念 O

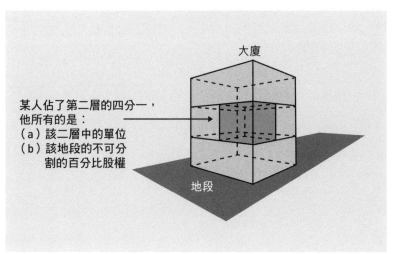

大廈

某人佔了第二層的四分一，
他所有的是：
（a）該二層中的單位
（b）該地段的不可分
　　割的百分比股權

地段

　　單位的佔有權必是與大廈共存，大廈完整不變則該單位自也不變，否則大廈有所更動或是拆卸重建，則單位再也不存。與此不同的則是土地應該仍獨立存在（直至批出的年期完滿為止），該業主的土地股權自應持續，不會因大廈拆卸而影響。

　　最重要的是「不可分割的股權」這概念，是因大廈的結構以及內部的規劃，必須以整幢大廈為一個體。任何一個居住單位，不應視該單位為垂直對下的地面的上蓋，亦即是説，大廈所處的地段不能視作拆碎然後分配給上層的單位。事實上大廈分層來看，每層的單位分割間格未必相同，某層的分牆位置對上或對下之處未必有牆，若從分層的平面圖認定其分牆或層線，而以為此線可以上下伸延作地面分界之用，未必符合事實，由此可見土地股權之不可分割性質。

　　這樣的分層買賣及居住形式，在本港已行之逾百年，看來是大眾的共識，但是近年因為霸佔建築物的問題，產生逆權佔地的訴訟，卻顯露出平面地界紀錄方式的不足，以及不可分割股權的複雜性。

立體分界

地界問題，固已複雜，但土地之上，必有建設，成為屋宇樓房等，這便使界線更加變化多端，更為雜亂。

先要說明，建築物的定義非常廣泛，除了指顯而易見的牆柱房間，也包括機房、露台、樓階、走廊、停車位、渠管等等。這些建築物，表面可能是無人佔用，但它確實存在及有其特殊意義。亦有些建築物可能是隱蔽不露，但必佔有實際空間。凡此種種，界線問題，便演變成複雜及立體的形式。

立體化的地界

本來地界可理解為地面上所訂的條狀界線，下引至地心，上引至無盡的天空，類似一幅極深極高的無形之牆。然而，這概念卻大有商榷之處，不要說深挖掘的管道、飛越高空的飛機等，已必令這「界線無上下限」的定義失卻實效，即使是建造地庫或是跨空的管線，也不能夠支持地界上下伸延的「霸道」性。因此，一條地界，很難想像它是從地底直伸至天上的。

　　事實上，現今的摩天大廈有哪一幅牆是由底至高空為一延續不斷而又保持在同一垂直平面呢？是即地界呈現為建築物而立體化後，該界便再不能簡化為一幅或一線狀可見的實物。在地面上某一幅牆邊可能是一條地界，但同一的界線升上至二樓時或已變為某通道的中線，而更上至高層時，該界可能是穿越某機房的一條線段。

　　一言蔽之，一座大廈的設計，內牆未必層層相同。所有通道線條位置，也不一定依照地界繪畫。地界雖是一項因素，但絕不會局限屋宇的設計，尤其是一些大型建築項目，把許多細幅地段合併後，一幅大面積整體發展，所有細地段的地界相等於抹去不再理會，大廈建成後的實況，再無任何牆壁位置與地段的界線相符。大廈內任何一個居住或商業單位，再不適宜以地段號數或地段面積表達，因此便產生了以股份概念來記錄這類物業的買賣。整幢大廈分拆為若干居住單位或商舖單位買賣時，各買家所得的就是他所全權佔有的私有空間，加上可以分享的公用空間，再就是整幅土地的若干比例的股權。

　　這樣的屋界與地界的關係，理論上是會維持至大廈重建為止。一般來說，地界應是永存，較屋宇留存更久，但也有人為因素，設定了契約年期規範地段的壽命。本港目前的制度正是這樣，政府出售一幅土地，並非真的把土地賣斷了，而只是出售土

地的契約時段，讓買家使用。目前本港大部分的土地契約年期都是到 2047 年為止，這一來，土地雖然較一般建築物存在更久，但在現今本港情況下，許多屋宇大廈，卻會長命過土地的批期。是則一般屋宇買家，不用理會地界問題，只求佔用得著四壁包圍的私人空間，加上通道以及一切公用設施，並保有整幅土地的若干比例的股權，便心安意足。

然而，世事並非永遠能令人安心的，個人雖無意理會屋界與地界的複雜關係，但許多時問題卻會找上門的。筆者有此見解，是基於一些經歷，且以幾個實例說明如下（恕筆者隱去地段之實名等資料）。

其一，有一大型的地下公眾建設，有一極小部分，平面面積僅幾方呎，必要伸越至另一地段的範圍，工程設計上無論如何也不能避免。幸好這越界的建設實屬微小，且侵入的空間低於地面，受影響的地段本應無損。正因如此，該地底建設的公司便與遭侵入地段的業主達成協議，以「立體分段」方式把遭侵入地段的地下空間分割出來，令問題得以解決。

這實例的特色就是「分段」是以立體的形式割切出來，與一般的平面分段不同。對於測量定「界」的要求，圖則顯示的方法亦自要特殊。這項分割的範圍及管理責任，以致日後再有的建設發

展，都須明確訂定，而且註冊不能以一般的「股權方式」來處理，故此就出現了這「特事特辦」的案例。

另一例子是有一間地舖，貼鄰一後巷。該巷被一間僭建的小屋佔用，並且在地舖貼鄰後巷的牆上開鑿了一個大空位，為時多年。該巷內小屋的佔用人因而以逆權佔地為由，提出訴訟，要索取侵入了的地舖的空間（圖6.2）。這一來，所爭訟之物不是尋常的地上平面，而是一個立體的空間。若以一般分段手法製圖，實不能表達得出這訴訟的事實。至於如何稱謂這空間也是問題，「它」當然不可說是某原地段的一分段，也很難賦予這空間任何整幅土地的若干比例的股權。

⭕ 圖 6.2　向小巷內望的透視圖 ⭕

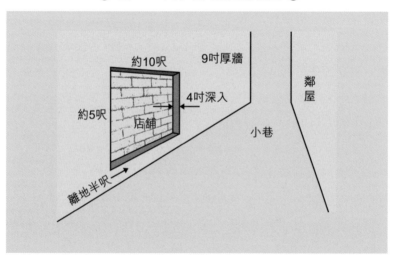

約10呎　　9吋厚牆　　鄰屋

4吋深入

約5呎　　店舖

小巷

離地半呎

　　另有一些常見的情況是大廈的某些空間（例如樓梯角位）被人霸佔了，而大部分小業主還不知其影響，這時佔地者或因為遭業權人士所驅趕而提出抗議，或是佔地者主動提出索地，都會引起糾紛，須要分析訴訟針對的地方與屋界或地界怎樣關連。如此一來，屋界與地界的關係，便不能忽視了。

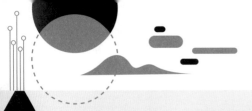

雖說界線，實應界面

　　空間與界線的關係，源頭還是來自「地界」這詞語，細看之下，地界問題其實可分為「地」與「界」兩方面來分析。

　　首先，「地」這稱謂當然是指地面，但若某地段的地面已是傾斜，或是分處不同層面，則此地面實難下定義。當然，現行規律是以一平面圖上畫一界線，即代表該地段的界，上述制度行之有效，是因為大家都有共識，認定圖上的界可上下無限垂直伸延而不會偏移，如是則該界線實際放在地面與否，並不影響該界的位置。從另一角度描述，地面是否傾斜，只要在地上測定了地界，該界線便等於投影在一幅平面上，繪為地界圖，然後基於共識，這界線可以上下垂直伸延，仍屬有效。

　　如此說來，便引申至「界」的問題了。原來這界並不是一條「線」，卻是一塊「面」，是一塊垂直的面。這讓筆者想到一些「無氈無扇」的肢體表演者，不用任何道具，亦無須外人幫手，純以身體動作加上默劇化的表情，在空洞的台上演出自己困於透明四壁之內。只見他伸張手腳，但四處碰壁，手腳似碰著同一塊垂直

的透明界面，絕不穿越，亦絲毫不差，令人歎為觀止。如此演繹動作，不正等於我們提防地面上空越過地界一般嗎？

所以「地界」一詞，看來簡單易明，但連帶這個上下伸延的概念，則屬問題的關鍵，可惜有關條文卻少有指出這概念，餘下的便任由各人理解。且看本港《土地測量條例》（第 473 章）的釋義部分，僅有一句說明「土地界線指界定一幅土地的地域範圍的界線」，這樣的定義，相當於以「線」來指示一個空間範圍，而「線」者乃是單維物體，圍成閉合形狀時，仍只是二維物體，所以還要加入「共識」為上下伸延之面，才能包圍一個三維空間。即使如此，上頂和下底的範圍如何界定，法例則沒有提及。

法例既然有欠清晰，惟有求之於其他文件。書籍中有代表性者，可以 *Halsbury's Law of England* 為例，這書是英國權威之作，刊登以來無論學者以至法庭都引為參考，現且先抄錄其有關地界的定義如下（Vol 4 (1) para 901）：

"A boundary is an imaginary line which marks the confine or line of division of two contiguous parcels of land. ...Where the division is vertical, the imaginary line of division extends up to the sky, so that the surface carries with it the super-incumbent column of air, and down to the centre of the earth. ..."[1]

簡括而言，就是界定地界是上至太空、下至地心的分隔面，這實是狂妄的定義，絕不合常理且不切實際。

　　地界可伸延下達至 6000 公里的洪爐地心，同時也可上達至無限的天空，實在極度離譜，信者亦是自欺欺人之至。不過，也有另一極端，有人真的當地界只是貼地的線段，因而質疑界線對上的空間究竟誰屬。原來法庭曾審訊一宗違例泊車案件，法官詢問作證的測量師，地段對上的空間是否屬於政府？測量師不虞有此一問，竟也要想一想才懂得應對。這看似故意刁難的問題，或許正好觸及地界需要再加定義的問題。

　　亦有一小販因為架設「易拉架」而被控非法佔用官地時，竟爭辯這架的三維位置，質問執法者若是放置該架於鞋面上，是否可以開脫佔地之罪？這當然是狡辯，但亦可見有人確認為地界僅是貼地之界，並無伸延的概念。

　　凡此種種，地界到底是地上一線還是垂直的面，且如何伸延，確是值得討論的課題。

1　*Halsbury's Law of England* (1989). London: Butterworths.

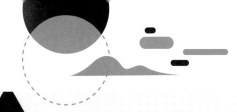

認許航空攝影，地界概念調整

　　地界的訂定，一般人認為最早見於埃及金字塔時代，當時人民以耕種為生，各安一地，但尼羅河時有泛濫，沖毀田基，搗亂復耕安排，所以有測量學的發展，人們懂得先行測定地界，待水退後亦可重訂界線。不過，地界這概念與形式，基本上數千年都少有改進。古時沒有架空電纜、地底鐵路，更沒有飛機，自不會想像到地界上下伸延的需要，但同時主觀地認為佔有一地，下可包括深層地底，上可達至天空，而不考慮這是否實際。

　　怎知時至近代，所有發展極度三維化之時，竟還有用上文提及的 *Halsbury's Law of England* 的地界定義，幸好這地界上下無限伸延的概念已非金科玉律，1970 年間英國的一宗案例，正好為此注入新的解釋，把地界上下伸延的程度加以限制。

　　這案件確是源自地界上下無限伸延的認識而興訟的。事件發生於 1975 年 6 月 26 日，英國一位勳爵控告一家航空測量公司，指摘該公司於 1974 年底派飛機越過他的土地上空拍照，事件屬於擅自進私人產權，要求道歉賠償等。

一旦進入訴訟程序，控辯雙方律師當然引經據典，各顯辯才，引述的材料固有包括 *Halsbury's Law of England*，亦有涉及其他許多分析和爭辯。案件最終在 1977 年初審結，判定原告敗訴，謂私人佔有土地可控制的上空範圍，應以常理為依歸，只能達至該業權人所可享用及建築的高度，超越此高度，則業主之權未必能凌駕他人，所以航空測量若有合理需要，不能視之為擅進云云。

此案的描述可見於其判詞（〔1978〕Q.B. 479）[2]，現僅引錄原文中關鍵句子以作參考：

"It is common sense to take the view that a landowner's property... in airspace only extends up to a height which is necessary for the full enjoyment of the land and of any erections on the land. ..."

這判詞看來切合情理，自可代表典型案例，以供日後作根據，亦可算是改善了過往不切實際、無限伸延的定義，令人知所適從。若然接受地界上下伸延是有止境的話，則地界不應再以線段及二維數據為標準，應該引進上蓋與底層的三維概念。

2　英格蘭及威爾斯高等法院 1977 年「Bernstein v Skyviews & General Ltd (summary) [1977] EWHC QB 1 (9 February 1977)」一案的判案書可參考 http://www.bailii.org/ew/cases/EWHC/QB/1977/1.html。

上下伸延的地界與分層佔用空間

　　一幅地段發展為多層大廈，在分層出售後，各單位業主只能以股份形式擁有整幅土地的若干百分比例的股權，而不可認取任何地面部分，這不可分割業權方式實屬應有之義。一棟大廈的設計，必是以整幅地段為考慮，可能把住宅單位集中於一方，花園平台、公用設施等則集中於另一方，住宅之處則可能已盡用地積比率[3]，因此才可騰出空間作花園，讓所有業主享用。若把整幅地段分割，給予不同業權者，自不平等亦不合理，股份形式便成為最可行的制度。好比兩人合資買一居住單位，絕不能分割一半廚房或其他部分，然後認定誰屬。引申至合資買汽車、買馬匹等，更是不能分割，此理甚明，本就無須多說。

　　不過，這樣不可分割的業權也會產生問題。部分的樓宇內部位置被外人佔用，又引起逆權佔地的申索，一向相安無事的股份業權制度便會受到衝擊。逆權佔地者多數採取主動，引用《時效條例》向業主申索所佔之地。爭論的焦點本應為被佔用的大廈部分空間，可是，當這類申索衍化為訴訟文件時，與訟雙方都會提出地段號數及地界圖則作為申辯的根據，原來的爭論焦點反變得

模糊，而化作地界之爭。這樣一來，問題不但未被正視，卻虛耗
不少時日爭辯。

　　且以一個具體案例，説明上述佔用空間與地段地界的問題。
一幅位於山邊的地段，因地基並非平面，所以整幅地段先建成一
個平台，平台近山處（且稱為後面）當然貼地，前面的平台即離地
面逾人身的高度，因而平台下設為車房；平台上部分建為平房，
前面留空作為花圃，如是者花圃亦即是車房的上蓋，但花圃的面
積較大（圖 6.3）。整個地段可比作一張大書桌，桌面等於該平
台；桌子的一角下設一抽屜，等於該車房；桌子部分面積放滿書
架，等於該屋苑平房；桌面的空位就是花圃等空地。

○ 圖 6.3　屋苑的地段示意圖 ○

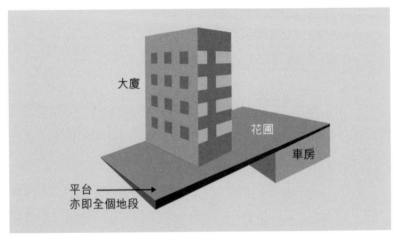

該屋苑有別其他，乃是整個地段劃分為幾個分段，其中一個分段正好與平台下的車房位置相符，看來這分段（且稱為分段 X）乃是為車房度身訂造。在這情況下，若無事故發生，整個屋苑的業權可能安然無恙。不過，一旦車房被人佔用，更向業主申索逆權佔地，謂依據《時效條例》，他已佔用了足夠時日，有權索取分段 X 的業權云云。

問題便在於，其佔用的空間應否以地段 X 作為申索陳述的單位？須知提及地段 X，含意就是該地段的四周界線上下伸延所及的空間都包括在內，亦即是說，佔用車房者不單申索該車房的四壁及其地台至天花板這「六合」空間，還包括車房對上的花圃，而這花圃既是大過車房，則只是車房對上花圃的部分。這就類似有人因佔用了書桌平面下的抽屜，更要申索桌面的一部分。

這樣的申索應該不符事實。平台上作為花圃之地，本就沒有標誌圍欄以分隔地段 X 與其他分段之地。根據整個屋苑的設計，這花圃當屬所有業主公用，平台下的車房之所以註冊為一割切出來的分段，原意似是針對車房而設，只不過計不及花圃之地而產生出地段 X 的分段圖。現在情況是車房被外人佔用，即使此佔用的權利成為訴訟焦點，其上蓋作為花圃仍未被佔用，是則採用地段 X 作為車房的描述，未必適當。

　　這屋苑的例子正是這裡要討論之處，一幅地界圖本屬二維的製品，但目前的法律觀點則接受二維的土地界線可上下隨意地伸延，地界圖的用者卻不大理會如此實有不當之處，引起種種問題。其實正道應該就爭訟的車房以三維角度處理，而不應把地界圖作為考慮的基礎。

3　地積比率是指一地段可發展的總建築面積與可興建的建築樓宇的面積比例。如一地段可發展的總建築面積為 100 平方呎，其地積比率為 10 倍，所興建的樓宇面積最多為 1000 平方呎。

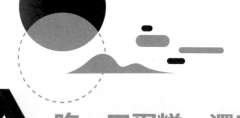

吃一口蛋糕，還索一角碟子

建築物界線與地界最大的分別，在於前者為三維立體，物主擁有的是一個三維空間，即使被他人佔用的也是三維空間，這與地界僅以平面尺寸所表達不大相同。

試想建築物的一幅牆壁，若是面向廣闊的環境，遠近矚目，作為廣告之用，價值不菲。例如過海隧道入口處的大牆，又或好些向海大廈的巨型牆面等，都是最佳例子。這些牆壁的廣告收入，甚至很可能多於細單位的屋租或舖租，從商業角度計，它們實是值錢的地產項目。但若以地面面積來表達，則這些牆面全是垂直的建築物，放在平面的地界圖中，僅是單線一段，難以計算面積，遑論劃分它為任何地段。至於利用大廈的外牆作支架，伸延出更多的廣告牌，種種利益的分享，以及產權誰屬，更是地界區分所無法顧及的問題。

因此，但凡建築的某一部分分拆買賣或被人佔用，必須從整幢大廈著眼，以三維角度來處理，不宜單就平面上的地界入手。

這類的土地佔用（其實應該說是空間佔用），最常見是大廈的天台、樓梯或公用地方，以及後巷、通道等。曾有大廈之間的後巷被佔用作小商舖，經營開鎖配匙、補鞋理髮等，一做便三數十年。

此類佔地者，往往以逆權佔地為由申請業權，這種訴訟一般都獲法庭受理，考慮的理據亦多類似其他佔用土地情況，即法庭會根據所佔之地是否固定在一處、佔用年期長短，以及所佔範圍是否明確、是否佔用者專享等等。若然一切情真理確，佔用者得直，便可能獲判擁有該後巷的一部分。

若後巷的一部分被視作建築物的部分空間來處理，而不當為土地業權看待，則佔用者應當與一般小單位業主相同，只擁有整幅土地若干比例的股權，其佔用之地實不能從大廈分割出來。至於股份比例如何計算，股份是否新增、增自哪裡，日後大廈維修的責任分擔，以及公契條款的參與等等，都是問題，但總會令佔地者獲得大廈的一部分，而非任何獨立的土地業權，這才合理。

不過，法庭的案例中，卻有獲判佔用後巷的勝訴者，申請將其佔地劃為一獨立地段，自整幢大廈的土地分割出來，這種申請便與佔有整幢大廈所在土地的若干比例的股權大不相同。須知土地業權的壽命與建築物壽命不同。若後巷部分分割為一獨立的分

地段，則大廈須要改建時，豈非要想法移除這條「頂心杉」？這在道理上是説不通的。

後巷表面看似無物，給人佔用了，劃為土地的一小分段，直覺可能以為與其他佔用地面情況相同，但其實有極大分別。

在鄉郊或空置的地面上，某部分被人佔用而需分割予佔地者，並無「血肉相連」的現象；但若發生在已建成大廈的土地，則一如前述，大廈的組成應從三維角度審議：後巷之地下必有水喉管道等，甚至可能有地下停車場，若後巷部分被分割為獨立的小分段，且判給佔地者為地主，則這分段對下的建築設施，是否也要一併分割？遇有破損維修，責任誰屬？就算不説到這麼遠，正常的維修和清潔，也是大問題。

總之，某一後巷被人佔用超過一個法定的時限，地主便喪失了追溯之權，這本是逆權佔地的原意，但是大廈建築物的一部分是否等同一般露天之「地」，應該另行商榷，否則沿此思路可以引申一個例子，是為政府管轄的天橋，橋柱底下有人工島。設想有人在這些島上露宿，超越 60 年的佔用政府官地的追溯期，則該人也應擁有該人工島，一旦需要重修天橋時，是否仍要特別保留有關橋柱呢？

　　這例子看似天方夜譚，但這與佔據後巷的情況，只是年期不同，道理應該一樣。又或借用生活中一個誇張的比喻，某人吃了一口他人的蛋糕，還要索取該碟子的一角，試問若要把碟子打碎，損失豈非甚於一口蛋糕？

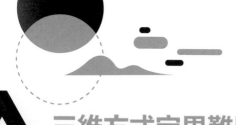

三維方式定界難以避免

　　現今的地圖，仍然以傳統的書刊形式面世漸不流行，許多售樓推廣、工程解構、演說附圖等，多以三維的圖像來表達，以三維的手法描繪三維的世界，應是必然的趨勢。

　　現代建築既是越來越向高空發展，結構亦更趨複雜；現今不同樓宇要相連，又或與公路橋樑結合，整個建築群外貌更形複雜。同時，分層分地佔用的方式，亦導致業權更分散，其中一個分層使用同一土地建築物的例子，可見於油麻地多層停車場，這停車場中間有一條行車天橋貫通，若要把停車場與公路的業權分割清楚，則紀錄及圖則非要以立體形式表達不可。

　　現在的業權分割形式早已演變成三維境界，例如原有一個地段建有一幢大廈，地面部分作為地鐵站，且更深入地底作為地鐵的管道，則這地段便應分屬大廈業主及地鐵所有，而業主所有與地鐵所佔，絕不能以地界的平面圖來分割業權，這現象必須以三維方式及立體圖形來表達。

至於高層之處，亦有類似的業權分割現象。架空公路可能要穿越大廈，即就地鐵而言，其路線亦不僅限於地面或地底，實際上鐵路本就可能架空，佔用了大廈的空間，又或它的車站正正與大廈的大堂相通，這一來大廈的業權與其他通行權，便須以三維方式分割，現今這類業權分割尚未普遍，只因這類建築形式多會見於港鐵公司所有的物業，港鐵獲得土地之時，由全盤計劃，演變成地段屬港鐵公司所有，上蓋物業及鐵路行經的空間亦盡屬同一公司，故問題較少浮現，但地鐵建築侵入其他早已存在的他人地段，確也有之，以三維形式來分割業權實是難以避免。

不過，現今的地界測量及紀錄，仍採用舊有的命名及定位概念，遇到地鐵佔用他人地段底層一角之時（又或是類似的不同業權時），只當特殊測量例子處理，尚無一套完整守則以統一各項措施。例如地段的上下分層割地，採用什麼稱謂就沒有一個共識，若採用分段 A、分段 B 等名稱，固然不當，因為傳統上這樣的分段名稱，是指平面上分割的形勢，若引進分層分割的措施，應該另行訂立一個新名稱系統。

現今的平面地界圖以及無分割股權之所以能夠執行，無疑是因所有業主等同綑綁在一起，共佔大廈，共擁地段，若有外人以逆權方式佔用大廈之一部分而申索地權，則原土地註冊的方式便受到考驗，許多問題自會湧現。

　　可是，任何的改良嘗試，一旦接觸到法律制度的，盡皆難以推行。建築物固然可見於實地，但是關乎建築物所處的地段，形狀尺寸等仍須以土地註冊的方式，製成地界圖，另附以文字，成為法律文件才可註冊備案。而法律這一方最為保守，很難與時並進，結果便迫於以傳統的二維手法處理三維的生活居住方式，這便是問題之所在。

地面與空間

　　鬧市之中的彌敦道上，有一個大招牌搖搖欲墜，便即引起危機。當局須要封鎖現場達六小時之久來處理這招牌，造成數公里車龍，半個九龍癱瘓。許多市民受阻，不少生意受損，幸好沒有人身受害，總算有驚無險。但以一招牌之「微」，影響竟是如此廣闊，恐怕並非一般市民所能預料。

　　此事令筆者了解到現代人的生活實離不開立體形式的。地界給予讀者的印象總是平面的土地問題，但其實地界的學問，應包括許多立體的元素。即以此新聞主角——招牌而論，試想它所佔用的空間，加上它的顯露所及的範圍，其價值當屬不菲。若換作是私人土地的平面面積，須以呎價計租，其費用相當巨大。無怪香港所有街道，都充滿這類佔空間廣而不用付平面租金或地價的招牌，價廉物美，不爭相佔用便執輸了。

　　然而有人得益，亦即有人受損。鄰近的居民飽受光和熱的困擾，自是最直接的受害者。而招牌所連繫的樓宇外牆，亦有損無益，沒有分享這招牌廣告收益的業主，也當是受害人。此招牌忽

然傾斜而引起這大塞車，萬千的道路使用者同樣是無辜受害。這就是說空間實是值錢之物，不用多花金錢而享有空間之利者，實已剝削了他人的利益。

空間佔用有規範

佔用空間與佔用平面土地實有連帶的關係。許多發展都有規範空間的應用。最常見的是大廈的開窗規例，每一棟大廈與隔壁須有足夠的距離才容許開窗，而當某些限制因素出現，例如大廈屋身已是貼著地界而建，則窗口不能向外打開，亦是常見的現象。曾有不少地盤尚未發展，仍然空置時，鄰座樓宇擅加窗口開向該地盤，甚或伸出一些微小的結構物。及至地盤發展，上蓋要接上這些窗口或伸出之物，爭拗便起。有時互不相讓，弄出訴訟也不罕見。此正是空間的爭奪，與平面地界紛爭不遑多讓。

近代的道路設計，必會包括天橋隧道等。事前的路線測量必須嚴謹，一切的招牌懸掛物，以及暗渠管道等，都不能遺漏，要一一以三維數據及圖像表達，務使施工時暢順無阻。

視覺可見的實物，還不算難以處理。尚有許多無形的限制，相等於存於空間的隱形物體而須要趨避，更需要高技巧來應付。這類無形物體實在不少，從某特定位置看得著的山形，要考慮保留此山線，空間上便相等於有一透明幕蓋限制屋宇的高度。某鄉

某地的風水線也須要同等地趨避。這些都是無形的物體，不可忽略。

更重要的是空中航道的束縛：飛機往返跑道，因升降所需，從跑道向外擴散及向外傾斜的無形扇面，是不容許建築超越其上的。還有一些雷達設備也同樣限制著建築物的高度：雷達站相等於空中的一點，從此點起計向四周伸延的固定俯角就是它的覆蓋範圍。若此範圍能以有形的狀況呈現，便會狀似一把巨型傘子。我們要能想像的話，可「見」機場附近充滿這些巨扇巨傘等覆蓋空中，並且互相重疊。規劃房屋高度時，測量師便要計算出各類三維物體相互交切的情況。空中實在存有許多無形而綑綁著我們的幾何線面。

空間的佔用實是大有學問，招牌的意外正好作為一個警號，提醒我們要多加留意。

逆
權
佔
地

凌空過界費思量

人生一世，恐怕沒有人敢說從未碰撞過頭顱，尤以蹲下之後再站起來，每每有碰頂之虞。但凡室內一些橫樑、櫃門、角架之類的物件，都有這種潛在危險，幸好大多數情況都屬輕微，但後果仍然可大可小。總之，向上起立或舉高物品時都必須小心，避免碰頭為是。

這樣的碰撞原來在土地發展方面也屢有類似情況發生。且看一些空置的地盤、貼鄰的屋宇，都有一些建築物凌空伸出某部分侵佔這些土地的上空。這類建築物可能是窗門、冷氣機、棚架、招牌、騎樓等，還有其他諸式事物。它們或許是臨時性質，亦有些是堅固結構，長期懸掛著的。

這些事物，基本上是違例結構而且侵佔他人空間，理屬不當。但問題是該結構物可能存在已久，擁有者非但不表示歉意而拆卸該物，反可能引用逆權佔「地」條例提出申索。當空置的地盤須發展時，發展者便要小心查閱整個地盤的空間，若一時疏忽只

知勘察平面範圍，而忽略上空一些從貼鄰的屋宇凸出的物體，後果可能是金錢和時間的損失。

試想發展空地的一方，果真忽略了來自貼鄰的屋宇的高空物體，到準備動工建築時才發覺問題，打算處理，往往會引來貼鄰的屋宇反對。發展地盤的一方會否不顧一切拆卸該障礙物，是一大疑問。承判的建築公司自不會貿然採取行動，土地的地主也未必可遽然下令並獲得工人配合，也要依賴商討或訴訟。

若障礙物的物主抱著要挾的態度，不接受談判，事情弄僵了，便惟有法庭相見。若該障礙物確是存在良久，訴訟結果便很難逆料，即使地盤發展商有理得直，亦必面對曠日持久的訴訟，影響工程進度。正因有這時間因素，於高空伸佔地盤空間的一方便處於有利地位，可憐的地盤發展商便會陷於進退兩難之境。所以，於空地上設計高樓而忽略了上面懸空的障礙物，好比個人於蹲下後再站起來而撞頭的情況一樣，後果卻可能嚴重千萬倍。

上文描寫的情況看似誇張，現實環境似乎少見這類訴訟，報章上更難得一見。然而，這並非等於沒有這佔「地」問題，只不過一般地盤施工前必有詳細測量，包括高空勘察，走漏障礙物應是絕無僅有，但這不是說少有從貼鄰的屋宇凸出的物體，只是少有「漏眼」而已。亦正因事前有足夠準備，則問題未演變至訴訟階

段，已多由協議賠償等方式解決。

　　協商的方式未必是萬用鑰匙、萬應靈藥。發展商為及時建屋賣樓，很可能寧可避開一些土地，離開鄰居少許空地才向上建築。這樣的樓宇設計固然是一個辦法，但近來卻有別出心裁的應對方法，是為整幢大廈基本上照樣盡用地盤的面積，只不過在高層遇到障礙物之處則留出空位，避免碰撞。超越了這障礙物的更高層，又可能回復建築至盡界之處。這一來，一切爭拗訴訟自可避免，而平面上的土地面積亦不用留空，只不過整幢的建築物或許欠缺完整，但從街外看來是不會察覺的。

分割大廈與分割土地

　　一幢大廈以立體形式分割為細小的居住單位已是常態，部分大廈位置被人佔用而產生立體式的逆權佔地也非罕見。更有一些特殊情況，大廈的地台表面或外牆也成為獨立的分割項目，凡此種種的分割空間或表皮，都可視為大廈的部分，不難以圖則及文字來表達。

　　不過，要把這些空間或表皮連結至土地分享之道卻不容易，究竟被人佔用的樓梯轉角位，與該大廈所盤據的土地有何關係？一幅離地的大廈外牆，又是否有份佔用土地？這都是很現實的問題。然而，逆權管有這類空間或表皮所造成的紛爭卻有增無減，如何處理大廈各部位與土地的關係實屬重要，值得專題商討。本文且就一己所見，就四方面來討論：（一）存在的時段；（二）佔地的面積；（三）使用的形式；以及（四）法例的關連。

存在的時段

　　某甲佔用了某大廈的部分空間，這空間當只能與大廈共存，

逆
權
佔
地

大廈一旦拆卸,「皮之不存,毛將焉附」,空間自不再有。某甲若以逆權佔地為由,成功取得該空間,也當接受拆樓時空間自會消失的現實,且看大廈中任何一分層購入的單位,也可能受強拍條例規管,未必能以少數抗爭眾數,則某甲無力保衛自是必然。以逆權形式佔有空間,亦應與逆權佔有土地有所不同,後者應可佔用至土地批約終止之日,而前者則只可佔用至大廈拆卸之期。若這原則為社會公認,則逆權訴訟時,大可註明如此逆權佔用的時段,使大家都有同樣理解,免卻日後再生事端。

若謂逆權管有大廈某一空間,讓佔有者可按空間的比例分享土地,例如以股份形式實行,那又如何?這樣的考慮便牽涉許多行政和利益問題。

首先是整幢大廈的業主,包括公用地方的業權,當已百分之一百分配清楚。若是新加一個逆權人士分享股份,則新股份從何而來?理論上是依據該逆權佔地從大廈哪一部分分割出來,則該部分的業主當屬割讓股份之人,然而,逆權案件所申索的空間十之八九都是從公用的部分分割出來,股份多屬法團所有,是則法團分薄股權之時,管理費用是否要重新攤分?若逆權佔用者在佔用的空間加添構建物,該構建物屬違法而又影響整幢大廈的地積比率時,法團及全體業主又如何向屋宇署交代?

　　這些分薄股權及其他權益問題且不再論，單以道理分析，佔用空間確也不宜與佔用土地並論。筆者的原意仍視大廈之空間只能與大廈並壽，無地權可言，是故佔用空間的測量圖，以及一切的文字描述，都不應提及地段及地界，以免與土地的分割有所混淆。

佔地的面積

　　土地的分割是以地面為單位，雖也包括地面上蓋的樓房建設等。一幅由政府批出的土地，自有一個地段名稱，譬如說第 100 號地段，當分割這地段為分段時，每一分段便稱為 A 分段、B 分段等。每一分段等於原地段的一部分而連帶這分段的上蓋建築物，情況等於一個蛋糕的分割，蛋糕底部是一塊硬底皮，承載著整個蛋糕，好比政府批出的地段上有樓房，若把這蛋糕連同其硬底皮用刀垂直切開，就等於把原地段分割為 A 分段、B 分段等。

　　若某小孩不要這樣分切出來的蛋糕，只取食上層的一粒車厘子，又或蛋糕中間的一片生果，則這蛋糕當然無須垂直切開，孩子所取的當然也不影響蛋糕的底皮。譬之於土地分割，這就是另一種產權分割，與分割為 A 分段、B 分段等並不相同。

　　一幢大廈某部分被佔用而要分割，與小孩只取食車厘子相同，怎樣把這分割的空間編號及測繪圖則，固然是技術問題，但

總不應以分割土地的方法處理。一些沒有體積的表皮難以獨存，垂直的牆面繪於一幅平面的地段圖上，更無面積可言，所以分割大廈的手法應與分割土地不同。

佔用形式

佔用土地的原始形式，不外耕種、畜牧、起居，以及作工場或營商等。任何一種形式，基本上都立根於土地上，即使發展至架空電纜、天橋等有立體分割地權的現象，這些架空物體始終有著地之處。此外，任何一地段或分段，必有附帶的通行權，讓該地可與外地連繫，凡公路旁的地段，固然可與外相通；至於四周被他人包圍之地，也當有取道鄰地的通行權，而不致成為無路可達的孤島，這是任何地段必具的形式。

但是一幢大廈的被佔部分，活動形式與上述可能大有不同，樓梯轉角或小巷被佔，有違大廈設計原意，它們本就是通道之地，容讓他人穿越，若竟也作為分割單位，理論上仍應留為空地，與土地分割無關。

與梯間小巷相反，若佔用形式是大廈外牆的分割，這類佔用形式必然與廣告有關，與一般佔用土地形式大有不同，也應該作為另類業權分割處理。

法例規範

最後還看逆權管有法例的適用問題。《時效條例》凡說及「逆權管有」一詞，總是與「土地」連繫，是則「逆權管有」這詞語，實可說是「逆權管有土地」的簡化語。若我們理解及此，則處理佔用大廈部分空間時，自要反省這問題是否真的與土地有關，不然的話，「逆權管有土地」這法例的應用於管有空間，便大有商榷之處。

《時效條例》適用與否，本應很易理解，它既包括「土地」這一項，自當適用於「逆權管有土地」，但它並無指明「大廈的部分空間」，因此這條例自當不適用。若是《時效條例》容許引申至其他事物，豈非在地上拾到一個手錶並佔用了若干年，也可算作「逆權管有」這手錶？這當然是有違公義和常理。

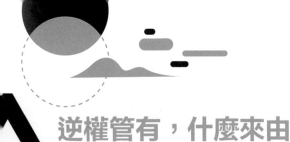

逆權管有，什麼來由

　　土地上蓋樓宇的一部分空間被他人佔用，應與土地被佔用有所不同，這裡再補充一下其他理由。

　　佔用土地而可用《時效條例》作申辯，令地主喪失追溯權，本來的理據乃是認定土地為自然資源，若任由地主荒棄，長期不事生產，實在暴殄天物，有損大眾；若有他人佔用，投放氣力資源，且歷時久遠，則佔地者自有其功能，他的權益應受保護。

自然資源與人工建造之別

　　以此理據來看樓宇的離地空間，則這類空間絕非天然資源，建成樓宇的一磚一木，盡是業主及建築商出資出力造成的，凡佔用樓宇中的部分空間，譬如樓梯轉角或雜物房等，都是不勞而獲的財物，佔用者未必需要投放大量資源氣力，也可使用該空間，雖或加添一些裝修或翻新，但亦必為一己享用，仍不可算善用天然資源，為大眾增值，與開發棄置了的土地不可同日而語。所以佔用土地而有《時效條例》保護，尚或有理，但佔用樓宇的部分

空間，似難以同樣理由解釋。

追溯佔用起源難易

以《時效條例》來支持佔用土地，是因土地早就存在，追查它的佔用歷史，可追溯至無限久遠，不切實際，而樓宇的歷史，卻非如是。環顧本港大多樓宇都是二三十年樓齡，一般五六十年的樓宇已屬舊樓，百年老屋絕無僅有。無論如何，樓宇之存在大部分只是數十年間的事，必有紀錄可尋。若有人佔用某屋宇的部分空間，進佔期間只可能是屋宇落成後的事，要根查佔用歷史，頂多不外數十年，不如土地般久遠，顯然無須訂立法規以限制追溯期，這正可解釋《時效條例》應只包括土地而不及屋宇之類。

結論是，空間與地面不容混淆，若只是佔用一個空間的情況，則要小心這空間與有關建築物以及其地段地界的關係，慎防陳述失當而產生誤導。至於《時效條例》可否應用於「逆權佔用空間」，更應細加檢討，因有關條例禁止地主逾時便不能索回土地，已是為難地主，若是連土地上空一部分被佔，也受《時效條例》所規管，則地主壓力豈非百上加斤。

逆
權
佔
地

國際測量師聯會議三維定界

一篇於 2018 年 3 月發佈的世界重量級文章，詳細地談論三維定界的需要，極有參考價值，這文章的英文版本是 FIG publication Best Practices 3D Cadastres–Extension Version[4]。要介紹此文，且先簡述 FIG 這組織與地位。這是一個聯合國屬下的世界性組織，原名是法文：Fédération Internationale des Géométres（FIG），意即國際測量師聯合會，成員是以國家或地區性的測繪組織為單位，每一個國家只許以一個組織為代表，因此每當 FIG 開會時，與會者可説包羅全世界的測量界主幹人士及學術專家，他們的報告及文章，雖缺乏法定執行力，但是因為言之有物，一般都備受政界及學者所尊重，自有其指導的作用。

且以這 3D 地籍測量（Best Practices 3D Cadastres）一文為例，此報告乃是集世界各國專家分組研究的成果，概括百數十個國家及城市的情況，寫成二百多頁的分析和建議，內容固是豐富而有代表性，其參考價值自是不容置疑。

這文章開宗明義界定地籍測量乃是土地行政的核心項目，這

類地圖或圖則必須全面以三維方式概括三項地段資料，是為土地的權益、規範及責任（這三項名詞是筆者翻譯，可能不夠精準，更欠缺原英文的音韻格律，原文是「Land rights, restrictions and responsibilities」，即 3 個 R，順口易記，容易入腦）。

筆者見了這 3 個 R，深有同感，更加了解到目前好些逆權佔地不義之處，卻原來現今的佔地者，每多是在佔地之內建構違例事物，享用經年，而政府發現之時，只知追究註冊業主，待事情曝光，佔地者更會採用《時效條例》申請免受追索，但關於違例建築方面，仍盡量逃避，這樣的佔地豈非只取其有利的一個 R（land rights）而不須負責其餘的 R，世事之不公，有如是耶。

這 3D 地籍測量長文繼續有謂現今的建築物，極其複雜，為要準確地描畫及記錄三維空間中的分用空間，平面二維的方式絕不足用。文中更指出空間的分用可能是犬牙差互，混雜牽連，甚至以二維平面加上分層繪畫的圖來表達，也不足夠，必要是真正的三維數據記錄才足以應付。文中指出建築物的地底或上空會有不同的事物穿越，它們的業權是另有所屬，非是大廈的部分，例子包括隧道、地下管道、基建項目、水電煤通訊等設施，都屬常見的事例。對於這列清單，筆者認為更可加上逆權佔用一項，是則以傳統的角度看待地段，認為它是包有地底伸延至上空的範圍者，實在有違現實，應宜檢討。

其實這樣的上下伸延概念，固已不切實際，而若執行這樣的地權範圍，更會妨礙土地的使用，有損公眾利益，試想一條地下管道的設計，又或是飛架於上空的建設，盡都要趨避已批出的地段，或是支付大筆補償，莫不動用公帑，由納稅人所負擔。現今固有行政及立法措施，讓這類公共建設，有所謂「凌駕性」的法理，照樣推行，只不過真正的三維用地概念仍然有待確立。

總之，使用土地、分享業權、測量定界和記錄，繼續以二維方式處理，必然不足以應付現代的土地發展，技術與法律必須與時並進，三維定界，應是自然的趨勢。

4　International Federation of Surveyors. (2018). *FIG Publication Best Practices 3D Cadastres—Extended Version*. Denmark: International Federation of Surveyors.

Chapter 7

天地人
三大元素
分析與總結

逆權佔地的三大元素

　　逆權佔地的形式，看來是變化萬千，花款繁多，但分析之下，可以看作是時間、地界以及人物（簡稱為「天地人」）這三個元素的不同組合，因而產生諸多的變化。每一個元素也自有其變化，加在一起時，便衍生很多組合。且讓筆者先行討論每一個元素，再來討論它們的組合情況。

「天」元素（即佔地時段）

　　這時間元素，看似不應有奇異之處，但現實的案例卻有許多方面可產生變數。其一是時段有否中斷。其二是時段是否只發生於歷史階段。其三是時段是發生於更改法例（由 20 年改為 12 年）之前或之後。

　　佔地時段有否中斷這命題並非眼見便即事實。許多情況是地主認為田地無人耕種的時段，佔地者卻謂該地只屬休耕之時，不是中斷棄用。亦有一地本為人佔用，但因受該地重建影響暫時移開，其後即回歸佔用。如是者，佔地是否連續便成為爭拗之點。

亦有一案例是某地為人所佔，期間發生火警，被政府圍封一段時間，佔地者於解封後重佔，這又引起爭拗。更有一例是佔地發生於日治時代的前後，有關之地，中段時成為廢墟，在法庭審訊時，多方人士都以為該地已中斷為無人之境，但佔地者堅稱當時世界艱難，即使該地變為廢墟時，他仍未有離開過。這樣的申辯又是難作判斷。所以佔地時間有否中斷，未必直接了當所可判定。

有否中斷，實即是討論佔地開始的時間，是從久遠（最先佔地的時段）還是從中段（再次佔地的時段）起計，都是終結於訴訟之日，亦即以「何時何日延續至今」作為考慮，但如此的「至今」卻也有例外，竟有案例是爭論「歷史」的時段，只牽涉「曾經」佔地。佔地者在提出訴訟時雖然已遷離所佔之地，但提出訴訟仍可獲法庭受理。

典型的情況是某地主發現一己的地段有人佔用而提出交涉時，本以為這現場人士確是佔地者，並設法證明他們所佔用之期尚短。但訴訟發展期間，竟另有人出頭謂他才是與訟者，更自證早自某年已是逆權佔地云云，不過不是佔地至今而已。

這樣的佔地時段變例，或可稱為「歷史時段」佔地，很可能出乎該地主的意表。若按照這邏輯推論，則中國的版圖豈非可讓曾經統治達三百年的清朝所申索！又或唐漢朝代，歷時更久，更加有理索取。這就是時間元素的變例。

　　更有詭異的情況，乃是本港的《時效條例》本是以佔地達 20 年才合乎逆權佔地的條件。但於 1991 年，這條例的時限改為 12 年。如是者，地主與佔地者若是於 2004 年間提出訴訟，佔地者若能證明於 1991 年後才開始佔用，至訴訟時足夠 12 年，便可成功阻止地主索回土地。但若佔地是始於 1990 年或之前數年，則法庭考慮的時段會是 20 年。亦即是說，佔地申辯之理尚未符合《時效條例》的要求，佔地者將會敗訴。是則佔地者若於 1991 年後佔地逾 12 年有可勝之道，而佔地更早，但尚未及 20 年者，反會敗訴。這現象是否有違邏輯，且不討論，但是佔地的時段確實可影響訴訟的結果。

　　因此，這時間元素實會有出人意表的情況，變數是有的。

「地」元素

　　「地」這元素的變化比「天」元素更大。因為這個元素本就包括了三種土地。其一是佔地的範圍。其二是地主的有關地段。二者可能互相吻合，但亦可能不同，因而產生了第三種土地，亦即雙方爭奪之地。

　　若是佔用之地亦等同地主要想爭回的地段，情況容易理解，亦是最簡單。但是通常所見，乃是佔地者佔用的範圍，有異於任

何個別的地段。雙方所爭訟的是地段之中被人所佔的部分。亦即是說，爭訟之地是佔地者所用地與地主所擁有地段重疊之處。

若以數式來表達，以 O（occupation）代表佔地者的用地，以 L（lot）代表地主要索回的地段，而各 O 地或 L 地都可大可小的，則兩者重疊之處，以 D（disputed land）為代表者則可構成四個可能性：

第一，O 等於 L，亦即等於 D。

第二，O 不等於 L，是則部分 O 與部分 L 重疊而成為 D。

第三，O 是大過 L 而盡吞 L，是則 L 就是 D。

第四，O 小於 L 而盡隱於 L 之中，即是 O，就是 D。

這四個可能性已於 Chapter 4〈逆權佔地的邊線與地界關係〉詳述，在此不贅。

然而這四種情況，還未盡蓋括所有地界與佔地範圍的變化。更複雜的乃是佔地者未必是佔用一連貫的土地或是固定的範圍。佔地者可能指稱好些散落而不相連的耕地或寮屋為他所有。於時，爭拗之地便顯得零碎，而地主亦等於面對撕裂為碎部的地段，部分仍未被佔用而部分則遇到阻力拒索，複雜情況自可想像。

更有常見的現象是佔地者並非固守一處。他所佔的寮屋可能不時翻新改位或增大，按時變動。又或有耕種之地，一時改為魚塘，一時又改為植林。範圍不定，用途有變，這又令致「地」元素倍增變化。

「人」元素

這個元素又可以細分為地主和佔地者兩方面的類別。地主方面主要是以一個人或一家公司作代表，本也不複雜。只不過提出訴訟的地主，往往是新近購買地段之人。買地之時，佔地者實已存在，亦即是說買地者不介意賣地者（亦即原地主）沒有交吉，只要能夠以便宜的條件獲地，寧願成交後才進行訴訟，冀能趕走佔地者。如是的情況，買地者（亦即新地主）實已有心理準備而進行訴訟。有關佔地者的背景以及佔地的歷史毫無認識，亦不求了解。如此情況下，新地主只是根據現況及顯見的佔地證據作指控，很少有特殊的測量和定界的要求。

若提出收回地段者是原地主，早知有被人佔地之事的話，則求之於測量作證，較為複雜。原地主或許有一連串的歷史故事，往往在訴訟中細數土地被佔的過程以及一些用地證據等。這類地主對測量的要求可能較為複雜。

　　佔地者一方的變數較地主一方更大。一般人本以為誰在有關的土地上居住或活動者便是佔用之人，但有許多訴訟的案例，引出的與訟者卻可能是早已他遷之人，或是已不在場的上輩，或是某些向現場用者收租之人。凡此種種，都不一定是顯見於地上的使用者。有些案例是現場的寮屋搭建複雜，通道縱橫，由多方佔地者使用。當大地主提出收地時，各佔地者向地主提出反索之時，亦會互相爭地。這樣的人際糾纏，更使這「人」因素添加變化。

三個元素的組合變化

　　「天」、「地」、「人」這三元素，每一個都各有多種變化，拼合起來而成為訴訟案件之時自有許多組合。地主或佔地者都可以成為原告或被告，研究佔地證據，最少追溯 12 年，但往往須要回顧至四五十年或更長的時段。地域方面亦未必只求當前爭拗的地點，因為用地歷史的發展，鄰近的環境亦會有牽連而須要考慮。要表達所有可能的組合情況，且用表 7.1 作為總結。

時間元素	土地元素	人物元素
1. 連續 12 年至今 2. 連續 20 年至今 3. 連續時段或曾經中斷的爭拗 4. 歷史時段（不是佔用至今）	1. 佔用地 = 地主的地段 2. 佔用地與地主地段部分重疊 3. 佔用地比地主的地段大，全包含地主的地段 4. 佔用地全被地主地段包圍 5. 佔用地是碎裂多塊 6. 佔用地曾有移位改動	1. 地主與佔地者，各可以是原告或被告 2. 佔地者自用佔地 3. 佔地者實已他遷，但保留佔地身份 4. 佔地者以收租人身份出現 5. 佔地者以曾經佔用的身份出現 6. 不同佔地者互爭土地

註：純以數學觀點分析，上列元素可以有：4 x 6 x 6 = 144 個可能組合。

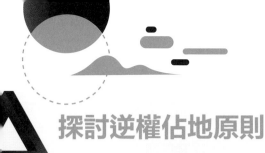

探討逆權佔地原則

　　本書 Chapter 1 提及逆權佔地的四項「功能」：（一）防止陳舊土地申索；（二）避免土地拋荒；（三）糾正地界錯誤；（四）便利土地轉易（見 Chapter 1〈逆權原意漸偏離〉）。可是，這些功能在本港的情況似乎極少合用。反之，被濫用者卻大有例子。所以逆權佔地的申索，絕不能一概而論認為佔地逾 12 年者便可望索得土地，必須按個別情況考慮。事實上，從過往多年的訴訟紀錄來看，逆權佔地案件中，地主與佔地者的勝訴比例差不多是一半一半，正好說明單就佔用年期未必即屬有理。

　　以筆者一己之見，總體來說，逆權佔地問題應該有更明確的規範，其中應包括三項原則，且分論如下：

現場佔用的原則

　　若有地主意欲重用土地發展而當前已有人佔用，且可證明已連續佔用了《時效條例》所需的年期，則地主或許自覺有疏忽之處。但若提出索地者不是就地所見用地之人，而是該人的上代或

是早已遷離該地之人，則自怨的感覺當有不同，這卻是很多目前逆權訴訟的情況，種種變例，前文已有論述。

簡而言之，所謂佔地者，可能是幾代人士以接力方式佔地，或是早已遷居他處，只是以斷續方式回歸探視，又或是租予他人，自己以「遙控」方式佔用，是則出面訴訟者實非現場佔地之人，何能符合逆權佔地原來的四項「功能」？這人若是早年曾有投放資源及勞力發展該地，但後來無以為繼，他的「過氣」權利，或是「遙控」權利，應否凌駕原地主之上，實屬疑問。因此，就筆者愚見，合理判斷應只考慮現場佔用之人，其餘一切非在當地安身立命者，應該失去索地權利，否則怎能解釋原本註冊的地主只因不理土地若干年，便喪失追索權，而「曾經」佔地之人，同是遷離了現場，竟還可以索地！

或許我們亦可這樣看待逆權訴訟的雙方：他們照理是各有正負的理由，才構成爭辯。地主方面有理之處在於他是出錢購買或合法承繼了土地，欠理之處則是遷離了土地而沒有處理；佔地者方面，他得直之處在於致力善用土地，不致拋荒，以此來抵消本無地權的缺點，逆權佔地的常態理當如此。但是當申索逆權佔地之人，也是已遷離該地或以其他「遙控」方式提證者，則此人豈非與地主同是「離地」之人？地主固然因此受損，申索人又怎可無礙地自命如常佔用土地，而出頭申索呢？

所以筆者提出佔地者應是現場起居種植之人，符合這個身份是第一原則。

及身而止原則

若是上一項原則成立，則佔地者應繼續佔地，才能獲得土地之權。否則他接著便即傳給子孫，或讓予他人，則與接力佔地何異？本身已違反第一原則。

或曰取得土地之權而不許傳讓，豈非苛待佔地者？其實這樣對待某些特別擁有權，只許特定的人終生享用，而不可轉讓，實有不少例子，譬如特定的車牌經由個別人士設定並出資投得，是則出錢出力才能得到一己心頭之好，於公帑有益，但於他人無損。所得的車牌只可自用，不能轉讓或出售。是則從逆權佔地而得來的地權，禁止讓售，也無虧於佔地者。

上述車牌的例子，或可說與土地無關，未必適宜作比較。那麼且讓我們看看一些與土地有關的例子。新界的農地，本不容許建屋，但事實上早年有許多違例的木屋茅寮等建築在這些農地上。政府採取了懷柔政策，容許這類寮屋存在，暫時不採取拆卸行動，是即「短期豁免」的建築物（short term waiver），但條件是該項寬免只適用於特定的申請人，不可傳給後代或他人。

　　同樣地，早年香港政府對付僭建的寮屋，明知是不合法的，但當時採取容忍的態度，全部實地記錄它們的大小形狀，作為臨時寮屋，待有房屋遷徙這些寮屋的居民，便取締這些寮屋。這項記錄，對象也是寮屋之主，不可轉讓或承繼，所謂「上樓權」必以記錄之人為主，及身而止。

　　甚至許多牌照，如舊日佔用街道的大牌檔等，也都跟人為主；一旦持牌人不在，牌照也就取消。看來許多事物，包括與土地有關的權利，只批核給有需要有理據之人，與一般真金白銀買來的地權，或是付足租金牌費的商舖有別，特殊情況帶有恩惠成份的權利，只許指定之人享有，及身而止，應該是有其道理。逆權佔地所得，理應也是與正常的業權有所不同，佔地者獲利只許及身而止，與上述種種例子一視同仁，應也說得過去吧！

不可違法原則

　　筆者個人之見，就是用地的法規，應同樣適用於原地主或任何佔地者。這概念本是簡單道理，若某地是受地契條款約束，只許用以農田耕作，則地主若擅自起屋，便屬違法，自有執法人員檢控；既然地主也不可違法用地，佔地者又怎能享有特權，進行法例所不容的用途？

　　但一如前文討論到的例子，有人佔用寮屋，並非作生活起

居、安庇妻兒之用，而是閒來聚眾打牌，從而替內進的非法賭檔作看守職責。提出佔用寮屋的人，藉此解釋來佐證他長期使用的情況，是所謂作為「天文台」的作用，如此不惜承認違法來作證明佔地的權利，是否便應「坦白從寬」呢？

試想若是地主本身開非法賭檔，必會隱瞞這類行為，惟恐秘密外洩，哪會自暴其惡、招惹檢控？然而，佔地者基本是求取便宜土地，不顧公平正義，甘冒不法之險，為求達到索地目的，哪管行為本身或有問題，也不計較一切，這樣的心態正好說明逆權佔地行為，在許多人的心目中，純粹視佔用年期是否足夠，而土地用途是否正當，卻絕不考慮。

另一例子也是以前曾討論的，是為在後巷搭建寮屋的現象。且看港九新界各地樓宇間的後巷，很多都蓋有寮屋，用作商舖、裁衣、理髮、水電修理等等，這些寮屋盡是非法建築，產生防火、清潔、防盜等問題，本應取締；若因這類寮屋太多、影響太大、積習太久等，不易採取大規模行動，暫行容忍，也可說是無奈之舉，但現時所見許多訴訟現象，卻是借用這類寮屋存在多年的事實，申索後巷的土地。如此一來，等同挑戰當局的不執法，反用之為佔地武器。

照理，這些後巷本來的用途就是要「留空」，地主依照這條款

用地，當然不會在此地興建圍欄，自然亦難以阻止他人侵佔，若因此而損失了地權，豈非冤枉之極？再說，佔地者若違例興建也獲授土地，照理他所得的，無非是一塊應該留空之地，是則爭訟的基礎也有問題。

若逆權佔地者不論如何違法用地也有可能得直，則為非作歹者豈非可佔用農地種植鴉片、在室內印偽鈔等等？若所作勾當會因曝光而受罰，但另一方面獲得土地作補償，相抵之下，仍可能有賺。

因此，考慮逆權佔地申索，而不理用地合法與否，便可能產生這類怪異情況，對於執法方面豈非是一項諷刺？

還有，逆權佔地的四項原來功能，其中主要是為了不讓土地拋荒，損失天然資源，所以地主即使本是土地擁有者，為了「拋荒」這過失照樣要承受喪失土地。但佔地者若違法用地，對於「拋荒」了的土地可說並無補益；反之，他實是增強了「拋荒」之害。若這樣「佔」地也可以獲利，則逆權佔地的原意便等於被扭曲了。

因此，筆者認為佔用他人之地，繼續正當發揮其地利，當無礙考慮逆權佔地的申索。但若用地有違地契條款或法規者，應當依法審理，不再考慮其逆權佔地時限的因素了。

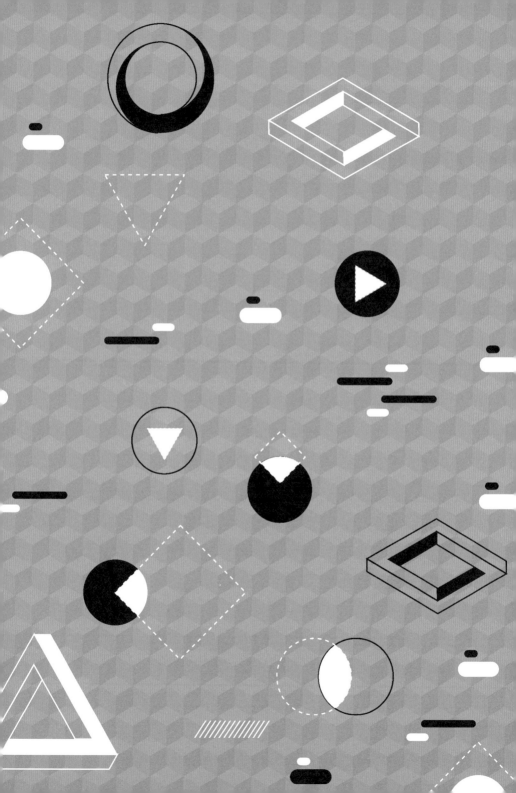

總結

　　要為本書作個總結，最好借用 Chapter 6〈國際測量師聯會議三維定界〉一文中所提及的地籍測量的三個核心項目作為討論基礎。該文是以英文為本，所提出的三個核心項目正好盡是以 R 為首的三個英文字，是為土地的 rights、restrictions 及 responsibilities。翻譯為中文，是土地的權益、規管與責任。不同語文有不同特性，這三個中文譯名難以保留英文原文三個 R 的韻味，這也無可奈何，姑且將就一下，繼續用這三個中文名稱討論，完成總結。

　　土地之擁有，首要當然是權利，尤以大城市如香港，何只寸金尺土，調過來説寸土尺金，大概更接近事實。有地自然有財，進而有權有勢，也是大眾的通識。逆權佔地的產生，令一些市民，爭相搶奪，親友反目，全因土地價值太大，與投放於土地的資源氣力絕對不成比例。若有佔地者以《時效條例》為據而獲得土地，他所得者最少也有百數十萬元計，一般大面積或地處重要位置的，更當以倍計。比之於個人辛勤地上班工作或經營小本生意，賺取的薪金或營商的微利，簡直有天壤之別。致力於逆權佔

地，其誘因實在太大。本書內文，正是質疑逆權佔地的原意至今有否偏離，而古代與現今的社會背景不同，又應否詳加檢討。

至於土地之規管，香港的有關規例，主要是批地條款以及城市規劃，亦是一般地主多會遵守的。即使有僭建或改動的情況，也未必太離譜。倒是逆權佔地者，每每不理地契條款（亦無由留意條款）隨意發展。地主自律警惕，佔地者卻會闊佬懶理。這可能基於不明白土地之有規範用途，但更有可能是因無政府或其他行政人士追究其佔地事宜，樂得放任。香港還有一些縱容的措施，包括申請水電的供應、繳立地稅、安排郵遞等等，都不須要核對申請人的身份，以致逆權佔地之人，大可等同地主一般，享用水電等設施，毫無不便之處。反之，政府若發現土地的使用有違反法例的情況，卻會根據土地註冊紀錄，責成地主糾正，是即牽涉至後述的土地的責任問題了。

土地的責任當然包括遵守法例這原則。譬如一幅耕地，固然不能建屋，但耕種之物亦不能是罌粟之類，因為這是犯法之舉。

然而現實上竟有佔地者甘冒法紀，自承佔了寮屋作賭博或其他違法之舉，只求證明佔用之實。如此取證，乃是破壞了土地的責任。而訴訟竟獲受理者，豈非是有歪逆權佔地原有善用土地之意嗎？

再者，逆權佔地者於地上違例闢作泳池或其他事物，當有關部門察覺時，只知檢控地主，而主動違法之人卻不用受責，是則佔地者只會爭取地利，而忽視規管，更可以逃避責任。看來提出三個 R 的〈國際測量師聯會議三維定界〉一文，言之成理，正好作為討論的基礎，重新檢視目前香港的逆權佔地情況。

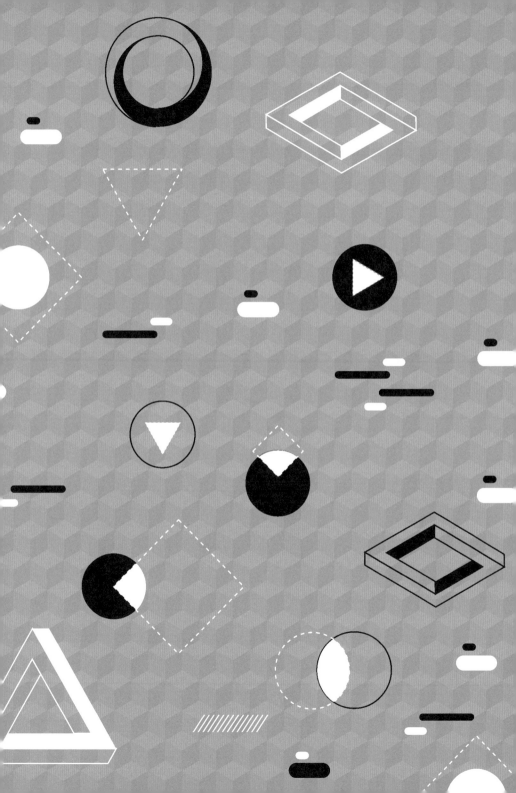

作者	梁守肫
總編輯	葉海旋
編輯	麥翠珏
書籍設計	Tsuiyip@TakeEverythingEasy Design Studio
出版	花千樹出版有限公司
地址	九龍深水埗元州街 290-296 號 1104 室
電郵	info@arcadiapress.com.hk
網址	www.arcadiapress.com.hk
印刷	美雅印刷製本有限公司
初版	2020 年 7 月
ISBN	978-988-8484-30-0